SAVE
*YOUR*
health
SAVE *the*
planet

# Save your health Save the planet

dentistry for a bright, green future

## ROSANNA CAVALLETTO

Advantage.

Published by Advantage, Charleston, South Carolina.
Member of Advantage Media Group.

ADVANTAGE is a registered trademark, and the Advantage colophon is a trademark of Advantage Media Group, Inc.

Printed in the United States of America.

10  9  8  7  6  5  4  3  2  1

ISBN: 978-1-64225-267-5
LCCN: 2021918862

Cover design by Wesley Strickland.
Layout design by Megan Elger.

This publication is designed to provide accurate and authoritative information in regard to the subject matter covered. It is sold with the understanding that the publisher is not engaged in rendering legal, accounting, or other professional services. If legal advice or other expert assistance is required, the services of a competent professional person should be sought.

Advantage Media Group is proud to be a part of the Tree Neutral® program. Tree Neutral offsets the number of trees consumed in the production and printing of this book by taking proactive steps such as planting trees in direct proportion to the number of trees used to print books. To learn more about Tree Neutral, please visit www.treeneutral.com.

Advantage Media Group is a publisher of business, self-improvement, and professional development books and online learning. We help entrepreneurs, business leaders, and professionals share their Stories, Passion, and Knowledge to help others Learn & Grow. Do you have a manuscript or book idea that you would like us to consider for publishing? Please visit advantagefamily.com.

*This book is dedicated to my father, the best example of a father I have ever had. Thank you, Dad, because I have never lacked anything in my education and during the development of my profession. Thank you for contributing, together with my mother, in making me the person I am today. Thank you for the wisdom with which you guide and advise me. Thank you for your faithful, energetic synchronicity with the book. It has been a memorable and unique experience for me. I honor you.*

*I thank and honor my origins, those roots where I came from.*

*I thank and honor the planet where we belong. To our blessed Mother Earth that is a living being that sustains us and contains us with its necessary benefits for our life.*

# CONTENTS

# FOREWORD

*F*actual books are generally boring. This one is far from it.

I am not a dentist. I am a laboratory analyst, but Dr. Cavalletto and I share one thing: mercury exposure and all that it entails. Like her, I was exposed to mercury fumes for years. Back in the seventies, we calibrated our spectrophotometers with mercury solutions, and because exhaust systems never clean air totally, some mercury fumes were inhaled on a daily basis. Furthermore, my US dentist decided it was time to replace all my ceramic fillings with amalgam.

Like Dr. Cavalletto, I developed thyroid problems and depression. Migraines, food sensitivities, and dermatitis followed. I was miserable, and it took immense willpower to continue to work and keep the family functioning. Doctor visits followed, and most were frustrating experiences, because nobody could find anything wrong with me. One male doctor stood out. He told me that I was in perfect health (!) and all I needed was good sex.

Well, I did not have bad sex, but during those years, lack of energy was the main problem. To this day, I am surprised my husband put up with me.

You may think that I, who worked in metal toxicology, would have found the answer to all this misery. I did not. Nobody did. In those days, doctors concerned themselves with acute toxicity problems as they appear in occupational medicine. A worker who has been exposed to a toxin such as mercury is taken out of the workplace, and a blood and/or urine sample is taken. If results exceed the expected range, this worker will be on leave for a week or so. During that time, blood and urine levels return to normal and he/she can go back to work, meaning no treatment is applied.

Since I was the boss, I did not take myself out of the workplace. I felt sick, but I kept working. When I finally looked for medical help, weeks had passed and, as would be expected, mercury levels of blood and urine had returned to a normal range.

Today, this all sounds unbelievable, but in the eighties a woman in a responsible position did not easily take sick leave or consult medical help. It was that way, especially in the USA where I had lived.

To make a long story short, years later, during a medical conference, a doctor from Chicago lectured, and after she had finished, I went up to see her. "You talked about me," I said and told her my story. "You need to have a hair analysis done," she said. "Get me the results and I'll place you on a program."

I followed her advice. She put me on a nutritional program, which helped me get more energy. Ten years later, I felt better but not good. That is when I met Dr. Frackelton, a pioneer in chelation therapy. He put me on oral DMSA, a mercury chelator, and again, my health improved, but by no means did I feel well. Several years later, I met the Dutch physician Dr. Peter van der Schaar, another pioneer of chelation therapy. I went to his clinic, and he administered intravenous Dimaval, which is a strong mercury chelator. At this time, laboratory tests indicated that I still excreted high amounts of mercury. In time, less and less mercury was seen in the provocation urines; hair analysis value also came down.

Now, I am eighty years old and in good health. I have no health problems. I still have a full working schedule and I do not take any medication. My energy is better than it was thirty years go.

In summary, health can be regained. Mercury intoxication is disabling, but we have the medical diagnostics and treatments to deal with it. The trick is to find the right doctor who understands the complexity of this problem. Search and never give up hope.

—Dr. Eleonore Blaurock-Busch, PhD

# INTRODUCTION

What is the main goal of dentistry? Is it to create a clean, perfect-looking smile or is there something more—a deeper opportunity to make a difference for patients' health, our ecosystem, and our own well-being?

It is true that as dentists our first priority begins with looking at the proper tooth function and health in our patients. By doing this, we maintain a focus on their oral health and esthetic features. That said, I strongly feel that we have an opportunity to go beyond this point. We can examine patients' mouths from a different perspective: one that looks deeply into their overall well-being and produces a greater level of happiness in their lives.

In fact, I believe dentistry today has the capability to make an impact that is perhaps larger than we can even begin to imagine. And the possibilities are exciting. But before we go further along this forward-looking journey, allow me to back up a moment and then explain where we stand today. To do that, I invite you to first accompany me to a point in time not that long ago.

Standing alone in the cluttered room is a tired, ill-feeling dental professional. That's me. It is the end of the workday, and I just finished with my sixteenth patient. It was a typical day for me: I started out attending patients as I always do, with a heartfelt passion to help them feel well and look their best. These patients, in turn, appreciated my personal efforts. Some of them showed up to their appointments bearing gifts of gratitude. They humbly stretched out their hands and handed me a gift of gold after a procedure. It was common for me to receive beautiful earrings, a delicate ring, or an intricate necklace. Other patients brought me customized touches like a coffee mug they knew I would enjoy, a pair of shoes for my father in his size, or lovely mementos for my assistant.

These lovely expressions moved me and also represented a connection I knew existed long before receiving them. Throughout my dental career, which started in Venezuela and shifted to Saudi Arabia and other parts of the world, I have felt strongly that we, as dental professionals, have so much to offer our patients. Yes, we can fix a tooth, but we can go beyond that. We can form relationships to learn how they are feeling overall, to truly understand their health and well-being, and find solutions to improve their lives.

I would love to tell you that, standing in that office several years ago, I was full of rigor and ready to take on another sixteen patients the next day. But that wouldn't be the truth. In reality, I didn't feel well all day. Every time I took an x-ray of a patient's mouth, I was overcome with a sense of dizziness. The disinfectant used to sanitize between each patient caused my skin to itch. Over time, I began to have painful stomach cramps. Sometimes these conditions were so debilitating that I wasn't able to come into work. Beyond these physical side effects, even when I was present at the practice, I had little time to actively converse with my patients and spend time with them.

That said, I was able to see my patients long enough to recognize a tie between their mouths and their health. Of the patients I saw during the day, 80 percent were in poor health. Among a variety of conditions, they most often suffered from diabetes, obesity, and vitamin D deficiency. All these ailments led me to ponder the relationship between the mouth and the rest of the body. Illnesses in the body and diseases in the mouth seemed to go hand in hand. The truth is that oral health is more important than you might realize. Problems in the mouth can affect the rest of the body. The mouth teems with bacteria, mostly harmful. It is, in fact, the entry point to the digestive and respiratory tracts, and some of the bacteria can cause disease. Oral bacteria and the inflammation associated with a severe form of gum disease (periodontitis) might play a role in some diseases. Diabetes can lower the body's resistance to infection, making oral health problems more severe. Poor oral health could contribute to endocarditis, which typically occurs when bacteria or other germs such as the bacteria from the mouth spread through the bloodstream and attach to certain areas in your heart, or to pregnancy and birth complications such as premature birth and low birth weight, among others.[1]

Furthermore, it made me ponder my overall purpose as a dentist. I wondered if by adding fillings and restoring diseased teeth, I was merely treating illnesses after they arise. Wouldn't it be better to help patients prevent health issues, rather than simply treating them once they appear?

Finally, I couldn't get over the piles of waste our profession was contributing to the environment. In this dental space from several years ago, I was continually overwhelmed by the disposable products used during each workday. The number of single-use plastics alone was enough to cause concern. Gloves, face coverings, micro-applicators, syringes, and the like would be tossed after each patient. There seemed to be so much to throw away each day.

By working in this type of environment, I ultimately concluded that seeing so many ill patients and poor environmental conditions actually presented an opportunity to me. It gave me a chance to see what was happening. Using chemicals and toxins that upset our body's systems and negatively impact the environment around us seemed to be a recipe for disaster. This realization deeply motivated me to seek a better approach.

Now fast forward to today. Instead of a dental clinic, I invite you to visit me in my home. Walk with me past books of green dentistry in my study, samples of eco-friendly dental products on my shelves, and come outside to my back patio. Sit at a table here, surrounded by greenery and plants, in a space that is bursting with life and fresh air. Take a drink of water, which is served to you in a glass (rather than a disposable, toxin-laden plastic cup). Lean back and listen to a story that will show you how we can make changes and revamp an industry that has long been too focused on drills and fillings, one that is ready to step into a new age. Better yet, this transformation has an ample list of benefits, ranging from patients' health to improved environment conditions and even cost savings opportunities for dentist offices.

As we chat, I will tell you that yes, these experiences I went through several years ago caused my health to deteriorate and eventually led me to press "pause" on my practice. The occurrences also opened my eyes and caused me to make changes: at home, in my own life, and for the dental profession as a whole. I took some time to research how dentistry, health, and the environment are all related. What I found is surprising, innovating, and motivating in a way I haven't felt before.

In this book, I'll share my discoveries as we delve into the ins and outs of today's dentistry. I will present you with the stories of pioneering dentists who have created green offices and reaped benefits from these adjustments. I'll also explain how wellness in the mouth and body are related, and how you, too, can change dentistry for the good—one step at a time.

In the following pages, you'll find a pathway to a greener, more sustainable, and holistic dentistry, which leads to improved patient health, better well-being for all, and a brighter, thriving planet. Let's begin.

# CHAPTER 1

# THE FULL CIRCLE

*Brave out-of-the-box thinkers are transforming and renewing the conventional practice of dentistry.*

—Nadine Artemis, author of *Holistic Dental Care: The Complete Guide to Healthy Teeth and Gums*

olid, majestic, and beautiful."

If you had visited Pico Humboldt in the 1990s, you might have used those words to describe its glacier. Pico Humboldt is the second highest peak in the Venezuelan Andes, and it is where the Humboldt Glacier—the only one in the country—resides. "Thirty years ago, the ice looked strong," stated Maximiliano Bezada, a geology professor who carried out a study on the Humboldt Glacier.[2]

In recent years, however, the dialog surrounding the glacier has changed. Today, the once majestic landmark "looks sick," Bezada says.

Bezada's description of "sick" extends to so much more than just the struggling fragments teetering on a lone mountain in South

America. His observation, in effect, points out the condition that many places on our planet are experiencing. Deforestation, waste issues, and rising levels of toxicity have impacted our world as we know it, and there's no going back.

The Humboldt Glacier is expected to disappear altogether in the near future due to rising temperatures in the area. As we look around our world, it's not just Pico Humboldt and its fading ice that we should be mourning. There are rivers filled with trash, heavy clouds of contamination blocking the view, tiny pieces of plastic being consumed by animals and people, chemicals seeping into our bodies—the list goes on. While I certainly agree that the Humboldt Glacier is sick, I would add that "sick" can be used to explain what we're dealing with today in terms of our soil, air, and lives as a whole.

Just as Venezuela's precious mound of snow didn't melt in one day, our other earthly resources haven't evaporated overnight. The melting, however, is a sign—a red flag, if you will, for what lies ahead. Glaciers disappearing, resources drying up, fertile lands ruined, healthy conditions deteriorating—it leaves us wondering what's next.

The word "next" is exactly what this book is about. While I don't know what the future holds for the struggling Humboldt Glacier, I have found the keys to unlock a new vision for our world and, specifically, for the field of dentistry. This new path reaches all the way beyond the patient's mouth and chair and delves into our practices, our neighborhoods, our communities, and our livelihood on Earth.

I am suggesting that we can build sustainable practices and lives that benefit our patients, our own well-being, and even places like Pico Humboldt. As we look into creating a foundation for a future generation that can really survive and thrive on this place, we also need to understand how dentistry is interwoven into the current fabrics of our lives.

It all starts with understanding what sustainability really means and how it applies to dentistry as an industry. We'll also look at dentistry's role in plastics and waste, along with the mercury issues our profession needs to be aware of. After exploring these areas, we'll have a better grasp of where dentistry stands in terms of our planet's condition today, and how it can prepare for an effective, financially sound and eco-minded tomorrow.

## Understanding Sustainable Development

When we speak of sustainability, we're referring to the rational use of natural resources in a way that promotes a continuity and even an improvement in the environment. In our own lives, this includes the idea of carrying out activities with a "maintaining" attitude. In other words, taking an approach that allows current conditions to continue and, if possible, even get better.

Sustainable development, then, takes this concept of sustainability and applies it to industries and professions. In terms of dentistry, sustainable development is based on three main pillars: the environment, the economy, and society.[3] Taking steps to improve our patients' health and their surroundings can foster a positive impact on the environment, lead to cost savings within a dental practice, and help support healthy lives in the community.

This last aspect of health is especially prevalent and noteworthy. On a broad level, most of the international environment agreements cite health threats as a main concern. The *2030 Agenda for Sustainable Development*, a notable imprint in this mission toward global well-being, focuses on transforming our world into a more sustainable place. It aims to achieve sustainable development worldwide by 2030. The UN General Assembly first adopted these resolutions in 2015. All participating and interested countries, acting collaboratively, are putting this plan into action.[4]

## LEARN MORE ABOUT GLOBAL EFFORTS
## TOWARD SUSTAINABILITY

Visit these sites to deepen your understanding of sustainability throughout the world:

- **United Nations Framework on Climate Change:** unfccc.int/process-and-meetings/the-convention/what-is-the-united-nations-framework-convention-on-climate-change

- **The Paris Agreement:** unfccc.int/process-and-meetings/the-paris-agreement/the-paris-agreement

- **Convention on Biological Diversity:** www.cbd.int/

- **United Nations Development Program:** www.undp.org

In some ways, this pivot toward sustainability is in its early forms, yet front leaders are already paving the way and setting a tone that others can follow. Healthcare fields, in particular, are latching on to the concern over what impact they are creating for the environment. The National Health Service (NHS) in the United Kingdom has committed resources to pursue a long-term sustainability strategy that includes accountability and continual reviews.[5]

Taking this far-reaching global funnel and narrowing it down to the field of dentistry, it is easy to see at a quick glance how sustainable development applies. It includes the supply chain of the dental industry. As such, it incorporates manufacturers, distributors, dentists, dental professionals, dental equipment and techniques, patients, waste collectors, and waste removal processes.

**SUSTAINABLE DENTISTRY AT A GLANCE**

According to the World Dental Federation:

- Whenever possible, dentistry should reduce the consumption of energy, water, paper, and any materials that could be harmful to the environment, as well as emissions to air and releases to water.

- Dentists should consider the environment when deciding whether to use a single-use, disposable, or reusable product, without compromising patient safety and quality of care, in consultation with regulatory bodies and government health policies.

- The dental industry should apply principles of sustainability to dental product lifecycles.

- Dental manufacturers should be encouraged to develop more sustainable dental materials and technologies and use materials that are biodegradable and/or recyclable whenever possible.[6]

# The Plastic Circle

Take a moment and look around you. What do you see that's made of plastic? If you're ready to make a long list to describe what you see, you're in today's world. The truth is our society is completely accustomed to plastic. Indeed, can you imagine living without it? Many would say a plastic-free world sounds absurd!

We've become a plastic society and the substance certainly holds a long list of benefits. For years, it's been an absolute marvel in the medical field and has led to devices and processes that have greatly advanced the use of medicine and improved healthcare. It's been developed into countless products. Dental care, along with every other industry, has fully embraced many of them.

In spite of these perks, plastic comes with a downside we must recognize. We've developed a mindset that treats plastic as a once-and-done solution. We're quick to use it—and even quicker to throw it away.

*Plastic has revolutionized dentistry, but the mass production has led to mass use—and mass waste.*

Now plastic doesn't just get used on a daily basis; it's creeping further into our lives than we ever anticipated. It's moving into our bodies and systems, even when we don't want it! This is happening through what is known as the plastic circle.

Here's how it works: Most of the plastic trash we throw out ends in landfills, where the particles slowly decompose and mix with the components from other trash. These small pieces can seep into the ground and get into waterways, where they eventually spread into rivers, lakes, and oceans. As a result, the now microscopic plastic leaks throughout the world and contaminates every place it invades.

Think of a fish swimming around in the ocean. The fish sees a bit of plastic and eats it, or perhaps the fish consumes plants or other food substances that have traces of microscopic plastic in them. A fisherman comes along and catches the fish, takes it to market, and sells it. The consumer (that's you and I) travels to the market, buys the fish, and eats it—right along with the plastic!

Once inside our bodies, the plastic officially switches from being beneficial to us (which it was when we first purchased it and used it) and turns destructive. As a whole, plastics contain hazardous chemicals that can disrupt health. These toxic materials can harm the marine life that consumes it. An example of this can be seen in

bisphenol A (BPA). This toxic material, which is found in some plastic products, can be harmful to fish and other sea creatures. Tortoises may confuse pieces of plastic for fish or jellyfish; when they eat the plastic, they can choke or drown. For people in particular, plastics have been found to have negative effects when consumed. For instance, when we drink from a plastic water bottle that contains BPA, the chemical substance can harm our systems and interrupt the balanced network of hormones. This can lead to various effects, including endocrinological alterations. Chemicals have even been linked to issues in enamel development in infants. [7]

### PLASTIC DAMAGE

- Approximately 90 percent of the plastic in the marine environment consists of microplastics.[8]

- Plastics may play a role in transferring chemicals to certain marine organisms.[9]

- Nearly a thousand chemicals have been reported to have endocrine effects; furthermore, new chemicals enter the marketplace each year and the vast majority are developed with poor or inappropriate toxicological testing for the detection of potential endocrine disruption.[10]

- Each person eats thousands of plastic pieces every year: these microplastics are all over, including within us. [11]

The plastic circle, on the other hand, is not a happy, circulating cycle. The idea that plastics are manufactured, sent to distributors, purchased and used by individuals and professionals, and then tossed, eventually landing in oceans, fish, and then consumed, is far from healthy. We are, as humans, creating processes and cycles that threaten our very livelihoods.

*The plastic waste cycle begins with people; it affects the planet, marine life, and people once again.*

Bringing this once again to a narrower focus as we look at dentistry, it's worth taking a pause and reflecting on the amount of plastic we currently use. As I mentioned earlier, it may seem overwhelming—or unrealistic—to think of a life and dentist practice without plastic. After all, single-use products dominate the scene, and, in many ways, their purpose is valid: a single use promotes a hygienic, infection-free procedure and reduces risks for the patient. That said, there are products emerging that can help us shift away from some of these single-use plastics while still maintaining high standards of sterilization. Biodegradable bags, for instance, might replace single-use plastic bags that are not biodegradable.

In addition, I invite you to think beyond the basics and explore new, emerging, eco-minded suppliers. Manufacturers that create bio-friendly and eco-minded products may be able to serve a dental practice, provide supplies to a university, or replace toxic plastics being used daily in a chain of dentist offices. Going a step further, we can even think about drawing natural resources from unexpected places to create dental products. Imagine for a moment: Could sugarcane from the fields in Venezuela be shaped into a suitable product that dental professionals could sustainably utilize? When it comes to sustainability, the possibilities are vast, exciting, and come with huge potential.

### PLASTIC PILING UP

- More than 300 million tons of plastics are produced every year, and that number is rising.[12] By 2050, there will be about 12 billion tons of plastic garbage in waste bins and the environment.[13]

- On Caribbean beaches, plastic drinking bottles represent 21 percent of registered waste. Of all the plastic objects found, 35 percent consisted of disposable plastic products.[14]

- Health institutions in the United States generate around fourteen thousand tons of waste a day; 25 percent of the waste is plastic.[15]

- Every year, dental practices generate 680 million chair barriers, light handle covers, and patient bibs.[16]

- 1.7 billion sterilization pouches are generated by the dental industry annually.[17]

## A Move Away from Mercury

Dental amalgams, commonly referred to as "silver fillings," are typically a bit of a metal melting pot. Amalgams usually consist of a combination of mercury, copper, silver, and sometimes zinc. Mercury dominates, making up about 50 percent of most amalgams.

In their time, mercury-loaded amalgams served their purpose. They held a restorative function and allowed patients to preserve their teeth for the time being. Dentist professionals around the world used them regularly in their practices, and they became a standard treatment most patients expected when they walked through the dentist door.

That time, however, has ended. In the 1980s, Hal Huggins discovered the other darker side of mercury: it affected the health of his patients. During the decades that followed, it became known that mercury is a neurotoxin that spreads in the form of invisible vapor during procedures. It can also be dangerous in its liquid state. In both vapor and liquid form, 80 percent of mercury is absorbed into lungs and can spread throughout the body. It can pass through the blood-brain barrier and even into the intestines.[18]

When working with amalgam fillings, mercury elements can also spread into the air when they are put in or removed. There has to be more effective methods for delivering information regarding mercury, its complications, and management devices in faculties. Mercury is also potentially harmful to patients during procedures. Once they go home, with their metal fillings in place, they continue to be at risk. Patients can be exposed to mercury vapor when they chew gum, drink a hot beverage, or by even doing nothing. That's because during the first five years after getting a filling, there's a significant loss of mercury from the fillings placed in a patient's mouth.[19] Mothers who had dental amalgam fillings during pregnancy had significantly higher mercury levels than did the mothers who did not have dental amalgam fillings. Prenatal mercury exposure is associated with a higher risk of ADHD (attention deficit hyperactivity disorder). Simply stated, having mercury in your teeth is a big health risk.

Today's dentistry offers different options instead of placing a mercury amalgam filling in a tooth. It is actually completely normal for dentists not to place amalgam fillings. It is unusual for a dentist in 2021 to continue working with them. But some are still exposed to its health risks.

Of course, dentists and dental professionals who work with mercury are at an even higher risk.[20] During procedures, mercury can be absorbed into their skin or inhaled, thereby exposing them to even higher levels of mercury. These high levels of mercury have been measured in blood, urine, stool, nails, hair, and organs.[21] Pregnant women and their babies are especially sensitive to these negative effects.

In one study, pregnant dental staff suffered higher odds of developing spontaneous abortion, preeclampsia, and giving birth to babies small for their gestational age.[22] But even under chronic low mercury levels, neurobehavioral effects in dental personnel occupationally exposed to it may have disturbed metal homeostasis in neurodegenerative diseases, such as Alzheimer's disease and mood disorders.[23]

I experienced exposure to elemental mercury vapors firsthand while working in a hospital dental health system. Given my area of expertise in restoration, I spent a good portion of my working hours removing "mercury fillings" by restoring diseased teeth and replacing them with composite resin fillings or ceramic restorations such as CAD/CAM technology. When I saw a patient, I typically removed between two and four metal fillings. I dealt with eight to ten or more patients a day and worked six days a week or even more. I kept this pace up for thirty-six months.

I vividly recall that, during this time, something was awry with my health. While I was working as a health professional, I was also going to medical appointments myself to try to deal with my ailments. I couldn't find a solution, and the symptoms persisted. I remember one day when I was sitting on the dental chair getting ready to begin a procedure with a patient. I had an unusual feeling of nausea and imbalance. This particular symptom repeated itself again and again as I saw other patients and removed their mercury-ridden fillings. I had occasional tremors in my hands and ongoing mental fatigue as well as enlargement of my thyroid. I also suffered from stomach issues and intense abdominal pain and dysmenorrhea. Related to the nausea and imbalance, at that time I was also diagnosed with vertigo. Even if I had prescriptions from the doctors and my vertigo was gone, I continued feeling unbalanced with my health. Much later, I had, in a certain sense, carried out my own personal mercury study. I realized it is not uncommon for those in our profession to show symptoms of mercury intoxication.[24] Mercury exposure can frequently exceed the safety thresholds of several jurisdictions and agencies. During dental procedures that involve drilling on amalgam fillings. Concentrations of mercury in blood samples of dentists could be taken in the recent exposure, taking into consideration they are higher than those of dental assistants.[25] Dentists are at a higher risk of neuropsychological, muscular, respiratory, cardiovascular, and dermal symptoms, if the skin as a surface is not measured locally, there may be an understated exposure level if, for example, ambient room air is assessed. Dental staff may have higher mercury levels in hair and nails, but dental staff should remain knowledgeable about mercury release from amalgam through direct exposure.[26] It also negatively affects the female reproductive system. Occupational exposure to mercury vapor inhalation is associated with menstrual changes in women, including increased dysmenorrhea.[27]

We could minimize drilling, particulate formation, and mercury vapor generation, but this is not enough to protect dental workers and dental patients from mercury vapors. Of course, not using the engineering controls needed for this will drastically increase this form of mercury. Dental workers seem to incur mercury-related health effects even when safety thresholds are not breached. Special precautions must be taken alongside the standard protocol to minimize mercury exposure.[28] If they are not in place, mercury vapors can rise, putting health in danger.

The absolute ceiling for mercury vapor not to be exceeded at any time is 125.0 µg/m3. Just take into consideration, despite all the feasible engineering controls used to minimize mercury exposure, localized mercury vapor may be present for hours after dental drilling on amalgam. But standard methodologies for occupational mercury exposure assessment appear to be inadequate when assessing mercury exposure during amalgam removal.[29]

Because of this, additional recommendations to reduce the risk of mercury exposure to dental workers and dental patients, alongside strict protocols with the engineering controls specialized for this, has to be in place.

The good news is, while mercury comes with steep risks, we don't have to subject our patients or ourselves to its exposure and harmful effects. We now have access to a protocol that will standardize in your dental clinic the health protection from this neurotoxin. We have in the market more biocompatible ways to replace mercury fillings. Many of these materials are more biocompatible, making them a safer, healthier choice for our patients. For example, in the actual market, there are selective biocompatible composites with no TEGMA (Triethylene Glycol Dimethacrylate).

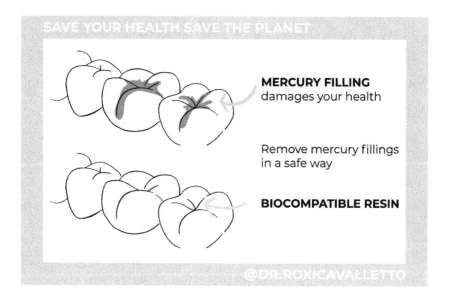

When using these restorative biomaterials, biocompatible tests could also be carried out. These show whether the composite used better suits the patient compared to other materials. After the tests, the dentist is able to determine which composites are more biocompatible with the patient.

For patients who already have mercury fillings and other metals in their mouth, things could get worse if no changes are made. For instance, the release of metallic particles could lead to silent inflammation in the jawbone. Over time, these issues can develop into more severe health-related conditions. Here is where the dental specialists' work aligned. World-renowned dental pioneers have already taken some of the first steps into this new approach to dentistry. This includes a dental mindset that seeks the safest and least toxic way to achieve the goals of modern dentistry and contemporary healthcare. Curiosity may lead you to investigate these matters further. I invite you to read about the formation of the International Academy of Oral Medicine and Toxicology at www.ioamt.com. There are some biological dentists around the world, such as Dr. Miguel Stanley, and there are also very informative books written by biological dentists. Look especially for those written by Dr. Weston Price, Dr. Steven Lin, and Dr. Ramiel Nagel.

## THE FADING GLORY OF MERCURY

More than sixty years ago, a chemical plant in Japan dumped waste with high levels of mercury into the Minamata Bay. In May 1956, four patients from Minamata were admitted to the hospital with severe symptoms, including fever, convulsions, psychosis, loss of consciousness, and coma. They eventually died. The cause? Mercury poisoning. Other patients arrived soon after; in all, nine hundred people died and more than two thousand were diagnosed with mercury poisoning.[30]

In light of that event, the Minamata Convention on Mercury was created in 2013. As an international treaty, it aims to reduce and eliminate mercury use throughout the globe. For the dental profession, this includes a phasing down of the use of dental amalgams.[31]

The event was perhaps a call to action over a problem that had been brewing for some time. During the course of many years, people have been increasingly exposed to mercury, often through mercury fluoride in the water they drink. This exposure can also occur through toothpastes and gels.[32]

Recent research has indicated elevated mercury emissions from the tissues of deceased and cremated humans with dental amalgams. These enter the soil and the environment. When factoring in environmental costs, amalgam is the most expensive dental material.[33]

Just as we have seen that our planet's issues today are impacting us all, it's equally as true that we can all play a role in the effort to work toward solutions. On Pico Humboldt, the Humboldt Glacier may serve as a warning sign of the potential decay in our hands. At the same time, global leaders, organizations, governments, businesses, and individuals are all standing up, ready to meet the task at hand. Promoting a sustainable environment includes a focus on individuals and society as a whole.

For the dentist world, this includes taking on a new mindset. It encompasses a look at the plastics we use today and considering how they could be reduced or replaced with better bio-friendly items. It covers a conversation on mercury and the value in spending time rethinking how amalgams can be handled. Removing the dangerous, toxin-laden mercury and putting in safer options is a solid start. We'll look at what else can be done to improve our environments in the next chapter.

*Dental professionals have a responsibility to conserve natural resources and to eliminate and reduce toxic wastes from their practices that could harm human health and environment.*

—G. Saraswathy, A. Sujatha, and
M.B. Aswath Narayanan[34]

## Questions for Self-Reflection

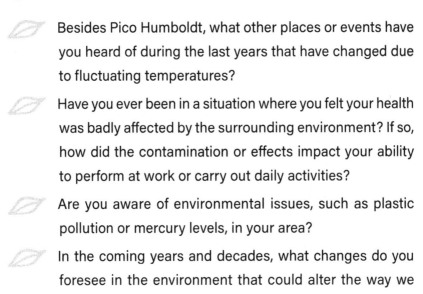

Besides Pico Humboldt, what other places or events have you heard of during the last years that have changed due to fluctuating temperatures?

Have you ever been in a situation where you felt your health was badly affected by the surrounding environment? If so, how did the contamination or effects impact your ability to perform at work or carry out daily activities?

Are you aware of environmental issues, such as plastic pollution or mercury levels, in your area?

In the coming years and decades, what changes do you foresee in the environment that could alter the way we work and live?

# CHAPTER 2

# REDUCING THE CARBON FOOTPRINT

*We're starting with our own carbon footprint.... We can do something that's unique, different from just any other company. We can set an example.*

—Rupert Murdoch, newspaper publisher
and media entrepreneur

s COVID-19 swept across the globe during 2020, its impact on daily life played out in country after country. When the pandemic hit a place, many families stayed home and traveled less. Workforce routines shifted from going to office buildings every day to carrying out jobs at home. Entire schools moved their systems online and businesses replaced in-person meetings with video conference sessions. Medical institutions switched to phone calls, online systems, and contactless strategies to treat patients in circumstances that didn't require a face-to-face visit.

Interestingly, this reduction in mobility had a significant role to play in the realm of carbon emissions. After increasing on a steady basis for years, global carbon dioxide emissions dropped by 6.4 percent during 2020.[35] The amount of decline represents about two times the amount of Japan's annual emissions.

While that may seem like a move in the right direction, as researchers for years have touted the importance of reducing carbon emissions, it's also worth noting that the decreasing rate didn't remain. As the pandemic ran its course and economic activity picked up, emissions once again rose.[36] Beginning in 2021, studies revealed that the release of carbon emissions was close to prepandemic figures.[37]

## EMISSIONS BOUNCE BACK

After a sharp drop early in the pandemic, global CO2 emissions rose as worldwide economic activity recovered in 2020. This trend continued even though some countries put fresh restrictions in place as coronavirus infections soared.

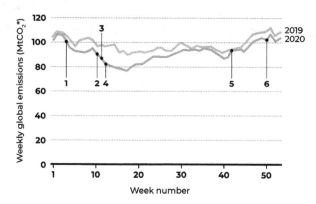

1. China imposes lockdown on Wuhan, where coronavirus was first detected.
2. Slammed by COVID, Italy issues a national lockdown.
3. California becomes first US state to impose a lockdown.
4. India begins its first nationwide lockdown.
5. As Europe surpasses 100,000 new daily infections, countries announce new wave of restrictions.
6. California imposes a three-week lockdown after registering its highest daily total new infections.
* Megatonnes carbon dioxide.

Source: Nature

Drawing on a dental perspective as we reflect on this trend, we might ask, "What, then, is the solution?" Surely, we can't ask our patients to stay home and treat their cavities on their own. Dental treatments nearly always require a certain amount of human-to-human interaction. Should we shrug our shoulders and settle for an arrangement that involves visits, travel, equipment, and office space use, and thus, the emissions that naturally flow from these activities?

I'm here to say that high and increasing carbon emissions don't have to be an imperative in the orthodontic industry. Moreover, I've seen that dental clinics can play their own unique role in this global endeavor to reduce emissions. It starts by understanding specifically how carbon emissions are tied to dentistry. Then changes can be made to measure and reduce those emissions. While these are important steps, we won't stop there. We'll also consider how reducing carbon emissions can lower costs. In fact, by decreasing our carbon mark, we can do more than set an example and promote sustainability; we can build better income-producing practices. Let's dive in.

## Carbon Footprint and Dentistry

When we speak of carbon emissions, it can be helpful to define what the term means and how it relates to the field of dentistry. Carbon emissions refer to carbon being released into the atmosphere, which often occurs through burning fossil fuels like coal, natural gas, and oil.[38] Cutting down trees and forests also adds to the carbon problem.[39]

A carbon footprint, then, is a measure of the impact your activities have on the amount of carbon dioxide produced. It is often expressed in tonnes. Individuals, organizations, industries, and entire countries have carbon footprints. Using this form of measurement can help us visualize our impact and track any changes we make.

Given this, we can start to move into the field of dentistry and recognize its carbon footprint. For example, travel related to dentistry represents about 60 percent of dentistry's total carbon footprint, according to a study in England.[40] This includes the trips that patients make to go to their appointments and return home. It also involves the distances that personnel travel to and from the office. The energy used within a dental practice—think lights, equipment, procedures— also contributes to its carbon footprint. A third factor includes the materials a dental practice uses.

*All areas of dentistry, from individual private practices to large, intricate dental institutions, emit some degree of carbon every year.*

## Measuring Dental's Carbon Footprint

Up until now, dental practices haven't followed a single, universal standard to measure their carbon footprint. The first carbon footprint measurement that focused on dentistry was calculated in Fife, Scotland, in 2011.[41] In recent years, individual practices and dental professionals have developed their own ways to measure and track their carbon footprint on a local basis. In England, the NHS records carbon footprint statistics. This public health system includes a dental segment, and, as such, the NHS measures carbon footprints related to public dentistry in the country.

**IT STARTS WITH US**

Wondering what your own carbon footprint is?

You can measure it with the Individual Carbon Footprint Calculator at https://www.nature.org/en-us/get-involved/how-to-help/carbon-footprint-calculator/

## QUANTITATIVE AND QUALITATIVE MEASURING

While there isn't a standard carbon footprint dental calculator in place, we can take aspects of dentistry that contribute to carbon emissions and measure these as a starting point. For example, we can look at the following:

- The amount of electricity and gas (kilowatts) used in a dental office

- The distance that patients and dental professionals travel

- The materials purchased and used within an office

Since these areas all produce carbon emissions, collectively viewing them gives us an initial base. As changes are made, we can measure again and compare the results to this original foundation. Our observations will help us determine if the adjustments have reduced our carbon footprint, enabled it to stay the same, or increased it.

The actual measuring is usually carried out in one of two ways: a quantitative method or a qualitative method. If the measuring is done in a quantitative manner, we'll use actual data. This might include:

- Tracking the amount of electricity used in a dental office each month

- Asking patients to share their distances traveled

- Requiring dental staff to record their commute every day

- Taking an inventory of materials used each month

In a qualitative context, the measuring is more focused on information that is not data specific. This might consist of implementing new habits or programs such as:

- Turning off lights whenever leaving a room

- Actively promoting fewer visits for treatments

- Setting up a recycling bin

- Instructing dental staff on ways to reduce paper

Once we've taken an initial consideration of our approach, the next step consists of creating a system that can be followed. For instance, software might be used to keep track of the different areas related to carbon emissions. Contracting a company that caters to this type of endeavor may be another option. In Venezuela, for example, Grupo Ambing provides sustainable services to different segments, including dentistry. The following chart depicts some of the areas that Grupo Ambing can help measure:

*Most common sources of emissions in the greenhouse gas inventory of a dental office.*

| SCOPE | SOURCE | ACTIVITY DATA | GEI |
|---|---|---|---|
| Scope 1. Direct emissions | Office vehicle | Fuel and lubricant consumption (l/year) | $CO_2$, $CH_4$ and $N_2O$ |
| | Backup generator | Fuel and lubricant consumption (l/year) | $CO_2$, $CH_4$ and $N_2O$ |
| | Firefighting equipment | Use or recharge (kg/year) | $CO_2$, HFCs and PFCs |

| | | | |
|---|---|---|---|
| | Air conditioning and refrigeration equipment | Leaks or maintenance (kg/year) | HFCs and PFCs |
| | Medicinal nitrous oxide | Nitrous oxide use (kg/year) | $N_2O$ |
| Scope 2. Indirect emissions | Electric power | Electric energy consumption (kWh/year) | $CO_2e$ |
| Scope 3. Other indirect emissions | Treatment and distribution of drinking water | Water consumption (l/year) | $CO_2e$ |
| | Final disposal of commercial solid waste | Solid waste generation (kg/year) | $Ch_4$ |
| | Final disposal (incineration) of infectious hazardous waste | Generation of infectious hazardous waste (kg/year) | $CO_2$, $CH_4$ and $N_2O$ |
| | Sewage treatment | Wastewater generation ($m^3$/year) | $CH_4$ |
| | Travel to international events | Distance and mode of transport (km/per) | $CO_2$, $CH_4$ and $N_2O$ |
| | Transport of workers and patients | Distance and mode of transport (km/per) | $CO_2$, $CH_4$ and $N_2O$ |
| | Cargo transportation (materials and equipment) | Distance and mode of transport (km/per) | $CO_2$, $CH_4$ and $N_2O$ |
| | Paper | Paper consumption (km/year) | $CO_2e$ |
| | Disposables | Consumption of disposables (units/year) | $CO_2e$ |

Credits: Grupo Ambing, C.A.

## TRACKING RESULTS

Regardless of the system used, to truly make a difference, the key lies in carrying out new practices and then taking time to reflect on the changes. These pausing points can take place periodically, such as every month or once a year. During these evaluations, comparisons can be made between the starting point data or information and the current data or information. The results might serve as an indication that the changes made have indeed reduced the carbon footprint. If this is the case, a decision to continue with the new practices might be appropriate.

### MEASURING DENTAL CARBON EMISSIONS AT THE UNIVERSITY OF BRISTOL

During the school year of 2014–2015, the postgraduate orthodontic department at the University of Bristol in England carried out a study to measure and track dental-related emissions.[42] For the study, forty-two dental practices made the following changes:

- Better management and recycling of waste

- Saving paper by printing on both sides and reducing photocopies

- Lowered energy consumption

- Actively promoting environmental awareness

After implementing these new tactics, the places reported:

- Energy savings

- Reduced carbon emissions

- Lower operating costs

To measure and track results, the study participants used a Carbon Trust Empower Calculator. Through this device, the progress could be seen in a detailed and tangible way. For instance, by printing on both sides of paper (rather than just one) and turning off lights and equipment when not in use, the study reported a savings of approximately £11,035 and 53 tonnes of carbon. Recycling methods were taught to 531 people, which could lead to an estimated savings of £10,640 in costs related to resources throughout the year.

While tracking results is admirable, I would encourage two additional actions: further goal setting and promotional pursuits. Both set the stage for a dental clinic to extend its impact. The clinic has the chance to continue "going green," along with an opportunity to grow as a leader in its field and expand its client list.

First, the question of whether more can be done could be asked. For instance, if we effectively lowered our electricity use during the previous year, could it be further reduced in the following year? If so, what might be a practical goal? We may conclude a realistic goal would be to decrease electricity use by an additional 5 percent during the upcoming year.

Second, while we may be excited about our results, there is an actual marketing opportunity here. Think of the world in which we live, which is increasingly aware of terms like carbon emissions, carbon footprints, recycling, green living, and sustainability. The population is also growing more concerned about global issues like the problem of plastic and the plastic cycle, along with dire dangers related to nature and endangered resources, such as the case of Pico Humboldt and its melting glacier.

Here is what I propose: Take every opportunity to increase awareness among patients and potential patients, together with the community. Include signs that feature your success on the walls of your practice or add imagery to your logos to let the public know you're focused on reducing your carbon mark. Take videos of personnel sharing their experiences. Have them tell what it's like to be part of a team that works together to reduce emissions. The list of possibilities is endless. The point is that by sharing information, you're letting others know you're playing your part in sustainability and establishing a brand that resonates with environmentally conscious clientele.

## Rethinking Dental Procedures

Perhaps the most exciting aspect of reducing carbon emissions in dentistry is that the concept presents a chance for us to be creative and innovative. We can think beyond long-established procedures that are considered the norm and ask, "What if?" For instance, what if a treatment could be carried out in one visit rather than multiple visits? Would that save time, transportation, and energy? Would it ultimately lower costs and lead to a reduced carbon footprint? (Not to mention happier, more satisfied patients who don't have to set aside more slots in their calendar for dental visits to finish a procedure!)

### THE LIFECYCLE OF A ROOT CANAL

Root canal treatments typically require a long list of materials like water, energy, paper, medicine-related products, and medical devices. A recent study explored how this entire treatment could be reworked to reduce its overall carbon emissions.[43] It evaluated the procedure through a life cycle assessment, which refers to understanding the environmental impact that a product or process creates.

To start, it was estimated that a typical root canal treatment leads to 4.9 kilograms of carbon emissions, which is about the same as a thirty-mile drive in a small car. This amount can be divided into percentages that coincide with different categories. For instance, in a root canal treatment, the following components contribute to the overall carbon footprint:

- 23.5 percent from the electricity used during the procedure

- 15.4 percent from endodontic files

- 9 percent from soaps and detergents

- 9 percent from packaging

- 8 percent from the chair preparation

- 7.6 percent from isopropyl alcohol

- 7 percent from disposable bibs

- 5 percent from the root canal sealer

From this starting point, ideas can be evaluated to determine if they would have an impact in lowering the carbon emissions in each area. Alternatives to replace fossil fuel-driven energy could be explored, such as wind or solar energy. Switching out isopropyl alcohol for other products like aloe vera or essential oils might be possible.

Ultimately, making changes to dental procedures to reduce our carbon footprint could have a snowball effect. Focusing on sustainable products creates a healthier environment within the dental practice. Recycling efforts and energy savings can improve conditions outside the dentist office walls too. Working together as a team to lower carbon emissions is often motivating. The practice can improve productivity between 3 percent and 18 percent, and it can increase sales by 40 percent.[44]

*Dentistry as a profession should integrate sustainable development goals into daily practice and support a shift to a green economy in the pursuit of healthy lives and well-being for all through all stages of life.*

—FDI World Dental Federation[45]

## Questions for Self-Reflection

Have you considered your own carbon footprint in the past?

Have you taken steps to reduce dentistry-related carbon emissions?

If you could choose, what steps would you recommend to help a dental practice reduce its carbon footprint?

What sort of public awareness methods would you implement to spread the word about reducing carbon emissions in the dental industry?

# CHAPTER 3

# MINIMIZING WASTE IN THE OFFICE

*Waste is worse than loss. The time is coming when every person who lays claim to ability will keep the question of waste before him constantly. The scope of thrift is limitless.*

—Thomas A. Edison

ast forward several decades into the future … together we'll watch a scene of a fisherman, seated in his wooden canoe as it drifts through a shallow river deep in the Amazon region. His son, a ten-year-old, holds out a pole. It is daybreak, and as the sun's rays first glimmer on the ancient waters, the son tugs his fishing pole out of the water. He is sure he has caught something …

Indeed, he has. The son pulls in … a plastic bag. As his father untangles the catch from the line, they discover the plastic is wrapped around another object—a toothbrush.

Seem a bit far-fetched? I wish I could tell you it is, but the truth is, the reality is closer than we might think. According to the United Nations, 80 percent of waste that is tossed into waterways today is plastic. If the trend continues, there could be more plastic, in terms of weight, than fish in the ocean by 2050.[46] In other words, within a few decades, fishermen could have a greater chance of pulling out garbage from the Earth's waters than catching dinner.

Notice, however, the word "if." We don't have to accept as a fact that the oceans are bound to build up with mountains of plastic. We don't even have to be a main contributor to the accumulation of waste in the ocean.

The dental industry is rich with opportunities to make improvements in terms of waste reduction. While many players around the world, including governments, dental organizations, and plastic manufacturers, can contribute to changes through regulations and policies, there is a multitude of strategies that can be implemented at a micro-level. The potential to improve waste management is high, and every dental practice has the chance to make a difference.

That's why in this chapter we'll first consider what we mean by "waste" as it relates to dentistry. Then we'll move on to evaluate what can be done to reduce waste in dental clinics. To close, we'll consider best practices that are easy to put into place and then track to increase recycling efforts, choose eco-conscious products, and make a positive global environmental impact—right from a single dental office.

## How Waste Manifests in Dentistry

While hard at work helping our patients to improve their oral health and well-being, it's easy for us as dentists to go through vast amounts of disposable products within a short timeframe. A patient enters, for instance, so our dental assistant puts a plastic covering on the chair to guard against infection and maintain sanitary conditions. When the patient leaves, the plastic covering is discarded. The process is repeated, and, as the patients sift through the office, the piles of garbage increase in a linear fashion.

*A dental office can fill a cube of up to ten feet by ten feet (approximately three meters by three meters) with plastic film every month.*[47]

And that's just the beginning. If we look further into the issue, we'll find that we're looking at more than growing piles of waste. The problem increases, as we recognize that garbage isn't always correctly separated. Waste issues in the dental industry include:

- *Inadequate separation of organic and inorganic waste*: Organic waste consists of biodegradable material, such as leftover food, orange rinds, sink water, cardboard, and packaging material. Inorganic waste involves office materials such as plastic and aluminum.

- *Abundance of disposable gear*: This includes one-time, disposable products such as latex gloves, plastic bags, plastic dental chair wrap or film, plastic headrest protectors, adhesive tape for handles and biosafety protection, face shields, masks, disposable gowns, disposable caps, disposable shoe covers, disposable shields, disposable bibs, napkins and/or tissues, plastic cups, plastic suction tips, micro-applicators, triple syringe protectors, and plastic syringes, among other products used specifically for dental procedures.

- *Incorporating toxic material*: Dangerous levels of mercury from fillings can seep through other waste materials. The same is true for the lead from nondigital x-rays, chemicals, and disinfectants.

- *Overuse of energy and water*: High levels of electricity and unnecessary water can lead to steep bills, along with an increase in resource abuse.

### DID YOU KNOW? MIXING LEADS TO MOUNDS

Within the waste, there are organic solids and inorganic solids. Organic waste includes food scraps, fruit peels, wash water, cartons, and packaging material. Inorganic solid waste is office waste such as paper, cardboard, aluminum, and plastics. Both constitute around 85 percent of the waste generated in most health services and are often mixed with biomedical waste such as sharp objects, used disposable items, and infectious waste such as blood-soaked cotton and gauze. These hazardous materials represent 15 percent of waste from health services in general.

If you open a garbage bag from a health clinic, you may find sharp objects and unhealthy material like blood-soaked cotton and gauze mixed with the other nonhazardous garbage. It is much more difficult to sort these garbage bags once they reach the garbage containers. A better approach is efficient sorting systems that make it easy for health workers to categorize waste before taking out the trash. [48]

Neglecting proper disposal of materials can have a cascading effect. We run the risk of contaminating the planet with excessive carbon emissions, which can then alter the quality of the air we breathe, the conditions of our water, and the nutrition of the food we eat. Tossing garbage without thought, then, can eventually circle back to use and affect our communities and overall health.[49]

When compiling waste for incineration, the health risks become especially dominant. Mercury, for instance, should not be combined with other biomedical waste.[50] If it is, when the material is burned, the components of the mercury will be released into the atmosphere. Burning materials that haven't been separated properly could produce dioxins, furans, and toxic metals.[51]

## SAVE COSTS BY SORTING WASTE

In the healthcare segment, it can cost nearly €700 more per tonne to eliminate material marked as healthcare risk waste than material labeled as landfill waste. If the material is considered a special healthcare risk, the cost increases further: it will cost about €1,000 more than for disposing material labeled as landfill waste. Thus, separating healthcare risk materials from nonrisk materials can lead to a significant cost savings![52]

Along a similar thread, mercury presents negative consequences when it is disposed of in water. Putting in and removing mercury fillings from a patient's mouth generates small particles of mercury waste. Since the mercury filling is soluble, this infiltrates the water surrounding it and contaminates the drainage system.[53] Even if mercury is put through a filtering system, which can eliminate 40 percent to 80 percent of the particles from the water, the remaining particles will remain in the water system.

*An investigation in Saudi Arabia discovered mercury waste in the sewer system from 330 dental units and 155 dental operators. The level was 437.7 mg of mercury in two months, which greatly exceeds the maximum allowance of 50 ug/L.*[54]

## The Hidden Benefits of Recycling

Just as not sorting out materials can lead to higher costs of disposing dental waste, taking a recycling approach may result in lower expenses. A dental office could provide a system for its workers to sort waste before it even hits the bin. This setup would lead to fewer bags of hazardous material, as nonhazardous waste is removed for regular trash removal or reuse.

*From a financial perspective, there is money to be found in recycling—incorporating it into the dental office can lead to an increase in profits.*

Composting falls in line with this thought; if we sort out material that can be put back into the ground, we're saving on costs incurred from its incineration with hazardous material.[55] While different countries may have specific regulations or requirements in place for handling hazardous waste, it is also a universal concept that elements such as apple cores, bread scraps, and egg shells can be placed into the dirt to decompose and provide nutrients for the soil.

It's simply a matter of setting up a process for it within the dental clinic. Perhaps a dental assistant with a garden at home offers to take compost materials from the office and place them in a compost pile in their yard. Dental offices with a courtyard green area may create a compost pile within their own property. The benefit with this arrangement is two-fold: costs for disposing waste are reduced; furthermore, staff members and patients recognize an eco-conscious approach, which can help with branding efforts to go green.

*The heat is on: Placing material that could be composted into garbage bins can produce higher levels of greenhouse gases than any type of plastic.*

It would be remiss to overlook paper when we talk about recycling, as it can make such a big impact on waste and is often more prominent than we first think. Paper products commonly hold the number one spot in terms of the amount of waste from a dental office.[56] Imagine the difference that sorting paper out of hazardous waste, along with finding ways to minimize paper, could make.

### A GREAT TIME TO GO DIGITAL, ONCE AND FOR ALL

Operating in a digital way is important for sustainable dentistry. The method contributes to the reduction of carbon emissions and thus, minimizes a dental practice's carbon footprint. It also reduces the amount of toxic pollutants released into the environment. As an added benefit, going paperless conserves natural resources, especially wood fibers.

Taking the concept of reducing and reusing paper one step further, the digital world presents an opportunity to do away with a certain amount of paper—for good. Consider the following:

- Send emails and texts to patients about their appointments, rather than handing them a card or mailing them a notification.

- Use electronic systems to gather and store patient information.

- Provide digital receipts for payment.

- Hold conferences online.

If paper holds the top spot in the garbage bin, nitrile gloves take a close second. Interestingly, these two often go hand in hand in a dental office. Typically, paper products and nitrile gloves are used once during a patient consultation and then thrown away.[57] Today there are many nitrile gloves on the market that are highly recyclable. It's a matter of finding them and, after using them, following the instructions to ensure they end up in a place where they can naturally dissolve back into the dirt. The same is true for robes. Rather than using single-use robes and throwing them out, there are available options that can be reused or recycled.

Sterile packaging aims to preserve the packaging in the production cycle for as long as possible, conserves resources, reduces waste, and mitigates environmental impacts associated with production, consumption, and end-of-life management. This rarely happens. The third most commonly tossed item from a dental office is sterile packaging.[58] Again, here, the potential for savings is substantial: if sterile packaging is placed into a recycling bin rather than a central trash bag, a dental office can reduce waste by up to five kilograms every week.[59]

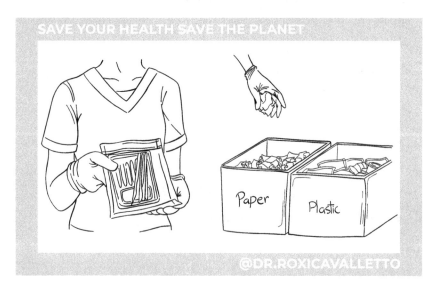

## Putting It into Action: A New Approach to Waste

Revamping a dental office to reduce waste and promote recycling, with the goal of caring for the environment and saving costs, starts by taking on a new mindset. We must look around our offices with an eye for detail. We need to evaluate the practices we currently have in place and ask, "Is there a better way to do this?"

From that starting point, we can begin to implement new strategies. During this process, it's essential to set up systems that are easy to follow. We must also train staff members and provide them with motivation to follow through on the setup. Finally, it's important to use a tracking mechanism so that we can monitor progress, make changes as needed, and encourage others to follow in our steps.

### A DENTAL CLINIC TAKES SMALL STEPS TO REDUCE WASTE IN A BIG WAY

Carlos[60] has a dental office in the city of Caracas, Venezuela. Together with his team, he decides, after reading this book, to create a sustainable practice. To begin on the journey, he contacts the company Multirecicla, which specializes in recycling efforts in his country.

After meeting with a representative of Multirecicla, Carlos establishes a sorting method within his dental office. He explains to staff members that they will now be separating material into several bins, which will be located in both patient and staff areas. They will be sorting items into the following categories:

- *Plastic products*: These will go into bins with a yellow sticker.

- *Paper products*: Material that is solely made of paper will go into bins marked with a blue sticker.

- *Glass products*: Items that contain glass will be allocated into bins with a green sticker.

In addition, Carlos and his staff set up boxes in places where they use dental instruments. When opening a sterilized instrument, they place the paper part of the packaging in one container and the plastic elements in another container. The dental assistants quickly realize that this strategy leads to a reduction in the amount of packaging incorrectly placed in waste bins with hazardous materials.[61]

Next, Carlos and his team set up a composting system. Together they follow a chart that helps them separate and categorize items that can be placed safely back into the ground to decompose.

Over time, Carlos tracks the amount of plastic his dental office is using. He also evaluates the recycling methods his staff is using to see if plastic is being correctly recycled and considers if there are opportunities to recycle more plastic.[62] He starts looking into products that can be reused and are biodegradable. He checks prices with his estimates regarding their use and benefit to his practice.[63]

Since his recycling efforts have been so encouraging for the team, Carlos decides to go one step further and reach out to patients. His staff provides patients in the waiting area with educational material and activities about recycling. Patients can observe objects made from recyclable material and learn about the process.[64] Carlos and his staff also promote biodegradable dental products that patients can use at home, including toothbrushes made of bamboo.[65] Better yet, they know that there are currently toothbrushes made of a bioplastic material that has already been scientifically proven to decrease natural resources during the manufacturing process. They choose to buy and promote these. The dental team uses reusable gowns and explains the importance of this to everyone in the office. For example, they say, "Because disposable gowns are made of polypropylene polymer, reusable gowns are superior in environmental terrain, with a two- to three-fold reduction in energy, water, and carbon emissions and a reduction in seven times in the waste. For this reason, it is no longer valid to indicate that disposable gowns are acceptable from an environmental perspective."

With an eye for reducing paper, Carlos and his staff turn the practice into a digital office. They communicate with patients via text, phone calls, and email messages. They use software like Invisalign to help organize records and share information. They also use cone beam computer tomography (CBCT) scan, which is a computerized system that helps to better diagnose and plan treatments. When they need to print a document, they use the following guidelines:

- Print on both sides of the paper.

- Use small font.

- Keep the space between lines to 1.5.

- Minimize the amount of white space on the page.

- Revise documents before printing to ensure space is maximized.

- Use printing paper made of recyclable material.

- Recycle paper for note taking and making copies.

Carlos works with Grupo Ambing to measure the dental office's paper use and find areas where it could be further minimized. He also starts tracking his office's carbon emissions levels. He sets goals on how to improve for the future and further reduce his office's carbon footprint.

Maintaining safety within a dental office remains of utmost impor- tance. As we consider where our products are coming from, we may be able to make decisions that promote hygiene and reduce waste. During the first six months of the COVID-19 pandemic, for instance, a study in England examined the carbon footprint of personal protec- tive equipment (PPE). It found a carbon footprint of 158.838 tons, with the largest contributions stemming from gloves, aprons, face shields, and Type IIR surgical masks. The study indicated that one-third of the carbon footprint could be avoided by manufacturing PPE in the United Kingdom, reducing glove use, using reusable gowns and face shields, and maximizing recycling.[66]

## Reducing Waste Is a Personal Journey

It's easy to talk about waste in terms of big numbers, overarching statistics, and global fears. There's no playbook, however, to follow that lists, step by step, the correct way to accurately reduce waste in our own lives and dental practices. I've outlined some main guidelines in this chapter and certainly there are some general principles to keep in mind when dealing with waste.

The best way to really make a difference is to look around your current situation, make small and incremental changes, and be informed about what's on the market. That's because dentistry is changing, and every year new products are entering our industry that are increasingly greener, better for the environment, and more sustainable. I invite you to take the questionnaire at the end of the chapter as a self-evaluation and then explore the listing of products to start on your own journey to reduce waste.

## What about Sustainability When Choosing Our Packaging?

Sustainability in dentistry does not end with being respective to the environment. It goes further beyond that initial concept. It means that whatever we are doing is designed to be carried out in the future, without harmful effects on the environment. This holds especially true when choosing manufacturers. These entities are producing the goods that eventually end up in dental offices and homes.

Use this checklist to help find the best sustainable manufacturer:

- Is the product you are considering recyclable?

- If the product is not recyclable, is there another recyclable option?

- Is the packaging recyclable?

- Will the company be able to recycles the packaging waste?

If you are looking to develop sustainable packaging for dental products, I have a number of solid resources. I always encourage looking for organizations that provide sustainable packaging solutions and a focus on reducing carbon emissions. Visit my website for examples of packaging solutions I recommend: www.rosannacavalletto.com.

While sustainability might begin with a recognition that change is needed, its path is long and full of potential. We've seen many ways to look at oral health in a new way. If we believe that everything is tied together—in other words, that we care for nature, which in turn provides for our needs—we can start to make proactive, preventative choices. I invite you to think with me about innovative, sustainable solutions for the dental industry. Together we can create a future that is healthy, bright, and well-balanced.

*We should actively encourage our patients and the general public to wear washable and reusable face masks, and shift towards using sustainable alternatives whenever possible.*

—R. Dean, East Yorkshire, UK

### A DIP INTO THE EMERGING WORLD OF BIODEGRADABLE DENTAL PRODUCTS

- BeeSure: nitrile gloves, chloroprene gloves, latex gloves, face masks, dental dams, plastic disposables, other disposables.
- Plastics from Cactus Juice
- Qwarzo: Papers to replace plastic
- Algramo: Reusable packaging
- Orsing: Saliva ejectors and aspirator tubes
- Greenman Packaging: Compostable coffee cups, lids, and accessories
- Biodegradable plastic for dental chairs
- TePe: Vegetable-based toothbrushes and dental products
- Crafting Plastics Studio: Biodegradable eyewear

## Questions for Self-Reflection

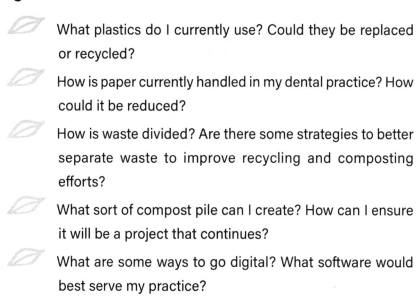

What plastics do I currently use? Could they be replaced or recycled?

How is paper currently handled in my dental practice? How could it be reduced?

How is waste divided? Are there some strategies to better separate waste to improve recycling and composting efforts?

What sort of compost pile can I create? How can I ensure it will be a project that continues?

What are some ways to go digital? What software would best serve my practice?

# WHY WATER MATTERS

*Water is everywhere; this earthly element is as alive as us. It plays an essential role in our everyday lives and well-being. Water is our most precious resource.*[67]

Y ears ago, I grew interested in the concept of water on several levels, ranging from its extraordinary qualities to its presence in our daily lives. I delved into the intriguing works of Masaru Emoto, a pseudo-scientist and author who demonstrated how easily water could change. His research indicated that water is closely related to the consciousness of individuals and groups. His experiments showed that the structure of water could shift and was sensitive to vibrations and information, such as music or words.[68] It could shift to take on the same form as its surrounding environment.[69]

Water flows through the planet as it circulates through our bodies. Our bodies are made of approximately 70 percent water. We need water to live, along with the innumerable plants and animals throughout the planet. Water provides minerals that our bodies need.

Since water is an essence of life itself, polluted water has a ripple effect on plants, animals, and even our overall level of minerals and health. When it is used in the manufacturing process, water is frequently contaminated. At times, this dirty water doesn't go through a treatment process to cleanse it.

Given this, we observe a disturbing water cycle at work. This precious liquid is drawn from the ground and waterways, sifted through manufacturing processes or human consumption, and eventually ends up back in the ground or sea, full of pollutants. A similar pattern occurs in the dental clinic. When composites are polished, or mercury is removed from amalgam fillings, particles in the water flow through the drain, out of the clinic, and end up in the wastewater. This process pollutes the ecosystem.

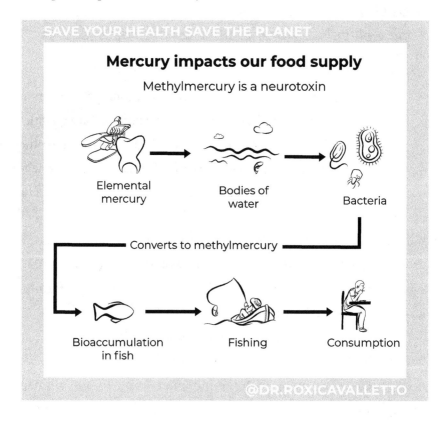

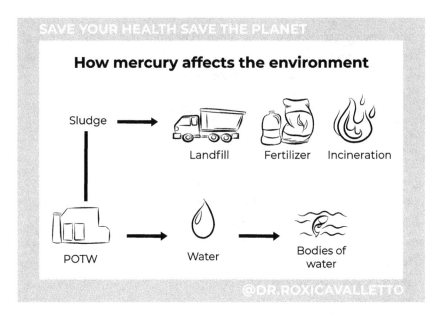

## How mercury affects the environment

Sludge

Landfill

Fertilizer

Incineration

POTW

Water

Bodies of water

## WHAT'S TO BE DONE ABOUT FLUORIDE AND OTHER CONTAMINANTS IN DRINKING WATER?

Many municipalities add fluoride to the water their residents drink, with the goal of "improving oral health." If, however, habitants are exposed to excess fluoride, they may experience dental fluorosis, which causes irreversible damage to tooth enamel. In addition, the teeth may become permanently discolored and display a white or brown mottled pattern. High levels of fluoride can also cause teeth to turn brittle and break and stain easily. Among children between the ages of six and nineteen, 58 percent have dental fluorosis, according to an assessment of CDC data.[70]

Besides damaging the teeth, excess levels of fluoride can lead to fluoride toxicity, which is harmful to human health. Drinking water may contain fluoride, bisphenol A (BPA), lead, chlorine, nitrates, PFAs, mercury, arsenic, and other contaminants.

Going back into Emoto's findings, when this happens, the water quality is not the same. In fact, the water itself is sick. Emoto verified that when drops of water were taken from a polluted river and frozen, their formation became an unstructured shape. This contrasts with the shape of a beautiful hexagon, which typically is formed in clean water.

With that in mind, what do you think could happen when we drink polluted water and it enters our bodies?

In response to these toxic materials, some new technologies are emerging to provide safe drinking water. A reverse osmosis system combined with a carbon filter is most effective at removing water contaminants. One of these systems, called ultra reverse osmosis, aims to help remove contaminants in drinking water.[71] I invite you to look at this website for more information: https://www.ewg.org/tapwater/water-filter-technology.php#ro.

There are other solutions to cleanse water, including a water filter. You can learn more about this methodology at https://www.ewg.org/tapwater/water-filter-guide.php.

The Environmental Working Group (EWG) provides resources that can help you determine which contaminants are in your drinking water. To find out, go to the following site and enter your zip code or the name of the water utility that supplies your water: https://www.ewg.org/tapwater/water-filter-step-by-step-guide.php.

You can also receive a guide to safe drinking water, according to the country where you live: https://act.ewg.org/onlineactions/mWD1Z5Zf-UCQ4aGbLDR5mg2 ?ga=2.49433572.358171977.1621774425-1250469020.1620911289.

Water is also a finite resource. Manufacturing and energy production consume vast amounts of water. Ecosystems across the world, particularly wetlands, are in decline in terms of the services they provide.[72] It is estimated that more than 80 percent of wetlands have been lost since the preindustrial era.[73]

## FLUORIDE NAMED A NEUROTOXIN

Fluoride has been added to community water supplies since the 1940s to prevent tooth decay. It also is found in many minerals, soil, and groundwater.[74]

Prolonged consumption of water contaminated with fluoride ions (F–) at concentrations exceeding 1.5 ppm can lead to considerable health implications, particularly in children and developing embryos. It can cause irreversible and potentially severe forms of fluoride (F–) toxicity, including skeletal fluorosis. This is endemic in at least twenty-five countries.[75]

In 2014, *The Lancet*, a renowned medical journal, designated fluoride as a neurotoxin. The move led US federal health officials to advise local governments to lower the amount of fluoride in the US water supply.[76]

The average concentration in the United States is 0.26 mg/L, far above the recommended 0.7 mg/L.[77] For adults in the United States, fluoridated water and beverages contribute an average of about 80 percent of the daily total fluoride intake. This is estimated to be an average of 2.91 in fluoridated communities.

Water fluoridation is applied in several countries. In a Canadian study of pregnant women, water fluoridation was the major predictor of urinary fluoride excretion levels, with creatinine-adjusted concentrations of 0.87 mg/L and 0.46 mg/L.[78]

Fluoride in Northern California and across Canada may currently be causing more damage than lead, mercury, or arsenic.[79]

Since fluoride can pass both the placental barrier and the blood-brain barrier, it reaches the fetal brain. Autopsy studies in endemic areas in China have shown elevated fluoride concentrations in aborted fetal tissues, including brain tissue. Fluoride concentrations in maternal and cord serum correlate well. Cord blood shows slightly lower concentrations or about 80 percent of the concentrations in maternal serum. The exact correlation, however, depends on the gestational age. Fetal blood sampling techniques have led to documentation of elevated fluoride concentrations in the fetal circulation after administration of sodium fluoride to the mother. Thus, the assessment of fluoride in maternal samples during pregnancy may be used as an indicator of fetal exposure.[80]

Children may be especially prone to fluoride overexposure, as they don't know how to rinse their mouths until they are seven years old. This means they could consume this neurotoxin more easily in bigger amounts. The concentration of fluoride in toothpaste could be high for them. One gram of toothpaste consumed could create acute intoxications such as vomiting, diarrhea, and stomach pain. A recent study showed that extremely low fluoride exposure during pregnancy impairs fetal brain development. The results of this study found a maternal urine fluoride concentration of 0.2mg/L, *which is exceeded four to five times in pregnant women living in fluoridated communities.*[81]

While the association between fluoride and sick symptoms is not always made, it's essential to consider the possible tie. In addition to negative effects on fetuses and children, too much fluoride can damage adult health too. Overdoses could contribute to thyroid damage and male infertility.[82]

Conservation is at the heart of the solution for all our water troubles. Changing habits, often in small ways, to better use water as a resource, is a healthy start. Implementing a new approach both at home and in the dental office will lead to a positive impact in the lives of our patients and our surrounding environment. Conservation is the drumbeat of a bright green future for everyone. Let's look at how this plays out in the world of dentistry and beyond.

# Understanding Water's Vital Role

Ecosystems, which include forests, wetlands, and grasslands, are a critical component of the water cycle. Ecosystems reduce the effects of floods and water shortages. For freshwater to be clean, a healthy ecosystem is needed.

Within an ecosystem, living beings such as animals, plants, and organisms, interact with nonliving elements like the weather, sun, soil, climate, and atmosphere.[83] When an ecosystem is functioning at an optimal level, it can supply water that is suitable for various activities, ranging from drinking it to recreation and industrial purposes. In addition, the resources that are present in wastewater may be beneficial to the ecosystem. The nutrients and organic carbon found in wastewater help replenish the environment.

When ecosystems suffer, the water quality decreases. If societies near damaged ecosystems are unable to access clean water, they run the risk of consuming unsafe water, contracting harmful diseases, and facing water shortages, which could lead to poor nutrition and famine.[84]

Without proper governance, there could be increased competition for clean and safe water and an escalation of water crises, which could trigger emergencies in water-deprived regions.

## THE CURRENT STATE OF WATER

- One in three people today don't have access to safe, clean water.[85]

- At a worldwide level, 2.2 billion people lack safely managed drinking water and 4.2 billion people live without safely managed sanitation.[86]

- Global demand for water is skyrocketing, while many water resources are becoming more polluted.[87]

- One-fifth of the world's river basins are experiencing rapid changes in the area covered by surface waters. This shift indicates an increase in flooding, new reservoirs, and the drying up of water bodies.[88]

- At a global level, twenty-one million people live within five kilometers of lakes with water cloudiness, which can be a sign of water pollution.[89]

- Water pollution has worsened since the 1990s in almost all rivers in Latin America, Africa, and Asia. Severe pathogen pollution affects about one-third of all river stretches in these regions.[90]

- In the United States, highly toxic fluorinated chemicals called PFAs are used to make hundreds of everyday products. PFAs build up in our bodies and very small doses of PFAs have been linked to cancer, reproductive damage, and other diseases. PFAs never break down in the environment. Nearly all Americans have PFAs in their blood and up to 110 million people may be drinking PFA-tainted water.[91]

## FLUORIDE'S IMPACT ON ECOSYSTEMS

As we've considered the effect that water has on its surroundings—both positively and negatively—we can also see how elements carried along on this journey will make an impact of their own. Chemicals can damage flora or the soil. Certain minerals may disrupt the balance of an ecosystem and hurt its ability to function in a healthy way.

In this way, fluoride, a common ingredient in toothpaste throughout the globe, can cause a string of effects in places beyond the mouth and body. Fluoride begins as fluorine, which commonly occurs as the minerals fluorspar ($CaF2$), cryolite ($Na3AIF6$), and fluorapatite ($Ca5(PO4)3F$).[92] Fluoride is a chemical ion of fluorine that contains an extra electron. This gives it a negative charge. Fluoride is found naturally in minerals, soil, water, and air. Certain places have higher levels of natural fluoride than others.[93]

In addition to occurring naturally, fluoride is chemically synthesized and used in dental products, along with community water and other manufactured products. Industrial wastewater from these activities can carry significant quantities of fluoride. These activities can result in higher levels of fluoride in the environment.[94]

Fluoride pollution has the potential to harm wildlife and contaminate the soil, water, and vegetation in an ecosystem.[95] For instance, crops may be grown in soil that contains high levels of fluoride. Animals then eat the crops and in doing so, might experience health problems. Some of these include anorexia, cramping, collapse, respiratory and cardiac failure, and death.[96]

*Horses have exhibited crippling symptoms of fluoride toxicity as a result of high levels of fluoride in their environment.*[97]

Plants grown in areas where the soil has high levels of fluoride may suffer too. As the plants absorb fluoride through their roots, their overall growth may be stunted. Fluoride pollution may also lead to a lower yield on crops during a harvest.[98]

## Water Conservation in the Dentist Office

Improving water efficiency in the dental industry presents ample ecological and financial benefits. We've seen that emissions and waste from a dentist office can impact its surrounding environment—both at a local and global level. It's also true that changes related to water and energy use may reduce expenses. Many of these transitions require a low-cost investment and provide a positive financial return.

*Replacing elbow-operated taps with knee-operated taps for surgical scrubbing resulted in a 53 percent reduction in water use at Stobhill Hospital in Glasgow.[99]*

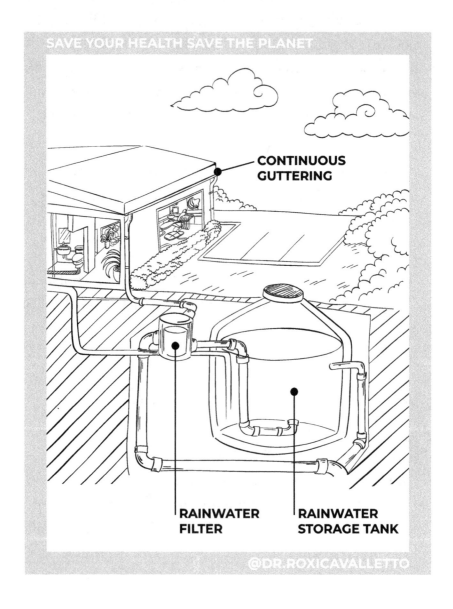

A starting point for dental clinics may be to look for opportunities to conserve water. This includes reducing water use. It also encompasses a decrease in water pollution. For instance, if proper equipment for safely removing mercury amalgam is installed, the risks associated with high levels of mercury in wastewater could subside.

### THINKING ABOUT RECYCLING WATER IN A DENTAL OFFICE? YES, IT'S POSSIBLE!

Modern homes are increasingly implementing water conservation techniques. In Costa Rica, some houses have a system in place to capture rainwater and then use it for other purposes, such as flushing toilets. The setup establishes an independent water supply, which could be helpful during times of regional water restrictions.

In a similar fashion, dental clinics can seek ways to recycle rainwater. If a place is under construction or going through a remodel, it may be the perfect time to rethink how water can be distributed. A dental office designed to collect and redistribute naturally falling water could lead to lower utility bills. (Learn more about the green office structure and design in Chapter 5).

Another simple strategy to create a conservative culture involves maintenance. If pipes are intact and functioning well, less water will be wasted. In addition, you can avoid unexpected high expenses that can arise if smaller problems in the water system are not dealt with immediately, leading to a major issue like a broken pipe that will need a fast—often pricy—fix.

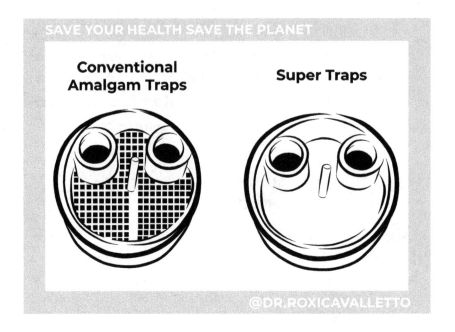

## CONVERT TO A WATERLESS VACUUM SYSTEM AND PROTECT WATER FROM MERCURY

Dental offices rely on a working saliva ejector system, often referred to as a dental vacuum system. These pieces of machinery, while critical from an operational standpoint, also use a tremendous amount of water. Their continual function can lead to using an estimated 360 gallons of water each day in a typical dental unit. As such, dental vacuum systems may result in high levels of waste and water pollution leaving the office. While going without this component is likely not an option, switching to a dry vacuum system could be a smart solution. Furthermore, if these systems do not have an amalgam "super trap," there is a risk of mercury and other elements entering the wastewater and creating contamination. Once elemental mercury reaches bodies of water, it converts into methylmercury and impacts our food supply. As an example, in Jeddah City in Saudi Arabia concentrations of cadmium, copper, lead, zinc, and mercury have been found in the muscles, gills, and liver of ten fish species.[100]

A study was carried out in Pakistan in 2016 that evaluated the associated environmental mercury emissions from twenty-two dental clinics in the wastewater of Lahore, Pakistan. As a result, the mercury concentration of the amalgams in all the dental wastewater samples studied exceeded the recommended discharge limit of 0.01 mg/L.

- Dental amalgam results in substantial quantities of toxic mercury released annually into the environment. Once in the environment, mercury pollution damages animals, plants, and the entire ecosystem, while creating hotspots that last for centuries.

- 1,000,000 ng of amalgam can pollute 80,000 liters of water. This is equal to 265 bathtubs.

Universal access to safe water and restoring water-related ecosystems demands attention from a "best management mercury waste practice" perspective. There are various mercury amalgam separators in the market and with real differences between them, as well as the effective maintenance protocols for these separators and the various factors that affect the effectiveness of the separator. Removing amalgam waste properly is not done only through a separator. To achieve safe water, air, and soil it has to be done through a system.

Through it, you will ensure that mercury waste is properly managed. A self-contained amalgam separator with activated carbon will be recycled at the same time it reduces dissolved mercury and mercury waste. In the dental chair, an amalgam "super trap" with advanced filtration technology is necessary to reduce the build-up of mercury in a vacuum. These are the reasons why it is a system.

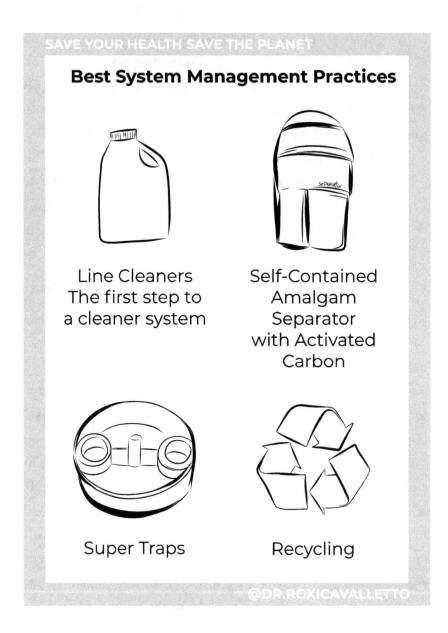

EDUCATE PATIENTS AND EMPLOYEES

Conserving water is most effective when approached as a group effort. Helping dental staff and patients understand what they can do will likely yield better results. A list of instructions might include doing the following:

- Turn off the water while brushing teeth at the dentist office and at home.

- Stop the water flow while lathering hands with soap.

- Switch to eco-friendly waterless hand sanitizers to save on water.

Use a water distiller at the office and at home to purify water. (One to try: Aquathin's patented Aqualite RODI UF water purification system, which produces 99.9 percent ultra-pure, clinically safe water.)

- Do not overfill containers used for water, such as glasses and kettles.

- When purchasing appliances, look for water efficient options.

- Run the dishwasher only when it is full.

*"Water is everywhere; this earthly element is as alive as us. It plays an essential role in our everyday lives and well-being. Water is our most precious resource."*

**DEAR PATIENT:**

Thanks for visiting my dental clinic. Remember, you can contribute to water conservation at your home by doing some small steps below:

Purchase some WaterSense labeled products: https://lookforwater-sense.epa.gov/products/

**In the bathroom—where over half of all water use inside a home takes place:**

- Turn off the tap while shaving or brushing teeth.
- Do not overfill containers used for water.

- Stop the water flow while lathering hands with soap.

- Showers use less water than baths, as long as you keep an eye on how long you've been lathering up.

- Switch to eco-friendly waterless soaps to save on water.

**Fix a leak:**

- Small household leaks can add up to gallons of water lost every day.

- To check for leaks in your home, you first need to determine whether you're wasting water and then identify the source of the leak. Here are some tips for finding leaks:

  □ Take a look at your water usage during a colder month, such as January or February. If a family of four exceeds twelve thousand gallons per month, there are serious leaks.

  □ Check your water meter before and after a two-hour period when no water is being used. If the meter changes at all, you probably have a leak.

  □ Identify toilet leaks by placing a drop of food coloring in the toilet tank. If any color shows up in the bowl after ten minutes, you have a leak. (Be sure to flush immediately after the experiment to avoid staining the tank.)

  □ Examine faucet gaskets and pipe fittings for any water on the outside of the pipe to check for surface leaks.

**In the kitchen—whip up a batch of big water savings:**

- Plug up the sink or use a wash basin if washing dishes by hand.

- Do not overfill containers used for water, such as glasses and kettles.

- Stop the water flow while lathering hands with soap.

- Use a dishwasher—and when you do, make sure it's fully loaded!

- Scrape your plate instead of rinsing it before loading it into the dishwasher.

- Keep a pitcher of drinking water in the refrigerator instead of letting the faucet run until the water is cool.

- Thaw in the refrigerator overnight rather than using a running tap of hot water.

- Add food waste to your compost pile instead of using the garbage disposal.

**In the laundry room—where you can be clean AND green:**

- Wash only full loads of laundry or use the appropriate water level or load size selection on the washing machine.

- To save money on your energy bills, set your washing machine to use cold water rather than hot or warm water.

Source: https://www.epa.gov/watersense/start-saving

In addition to teaching and instructing, consider ways to provide motivation and encouragement. For example, perhaps a chart is created in the dental office that outlines steps to take to conserve water. As employees follow the guidelines, they can mark a box that indicates they have completed the steps. Once they mark boxes for a week or month, they receive an award such as a meal or a water efficient item they can use at home, for example.

MAKE INVESTMENTS OVER TIME

After making small steps to improve water conservation, it can be healthy to take a long-term approach. For example, having a meeting or setting aside some time to think about investments that could take place during the next five years allows for calculations on return on investment to be carried out. You can look at water efficient options and evaluate if making a purchase will lead to cost savings. The cost versus benefit analysis can be done in many areas, including:

- *Faucets*: Do you have push taps or sensors that turn off to avoid a faucet being left on? What is the cost of these features? What savings could they bring?

- *Disinfecting equipment*: Does the equipment you currently have use water efficiently? Are washers run only when full? When replacing office equipment, what options are available that use less water? What is the upfront cost and long-term savings?

- *Remodeling*: When revamping part of a dental office, are there opportunities to install water saving systems? Could eco-friendly toilets be placed in a new bathroom for patients or staff? How much do they cost compared to other options and what features do they provide?

*Learn about water efficient choices by downloading this EPA Excel document:*

*https://lookforwatersense.epa.gov/products/*

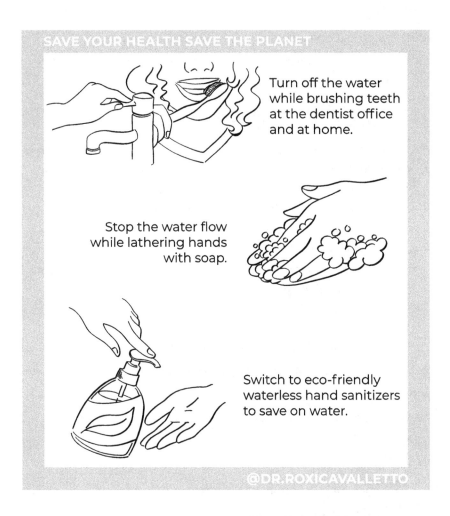

SAVE YOUR HEALTH SAVE THE PLANET

Turn off the water while brushing teeth at the dentist office and at home.

Stop the water flow while lathering hands with soap.

Switch to eco-friendly waterless hand sanitizers to save on water.

@DR.ROXICAVALLETTO

## Energy Conservation in the Dentist Office

Carbon emissions flow out of a dentist environment as the doors open for each business day, as patients come and receive treatments, and even after the employees leave for the evening. Lowering these emissions by using less energy is certainly better for the environment. Moreover, reduced energy consumption will result in lower electricity bills.

A great initial task when conserving energy involves an assessment of what's currently being used. Are bills reflecting energy that is being provided but not used? For instance, perhaps computers left on during times when the office does not need them, such as at night. If so, the utility provider will charge for the energy consumed in those hours.

## WHAT'S ON?

Do you know what the cost is of running eight sixty-watt light bulbs that are turned on for ten hours every day? In the United Kingdom, the amount could be around £150 (507 kg CO2e) per year.[101] Add in the cost and carbon emissions that come from running computers, intraoral cameras, and televisions when no one is in the office. When equipment is plugged in and consuming energy from the grid, the costs add up. A good rule of thumb to follow: if not in use, turn items off or unplug equipment.

Similar to water conservation efforts, after carrying out an energy assessment, a long-term approach can be taken. Opportunities abound when it comes to energy conservation, and upfront investments often reap substantial returns in terms of savings as the years pass. Here are a few ways that you can get started on the path toward energy savings in the dental clinic:

- Look for compact fluorescent light bulbs, which typically use less energy than other options. LED lights are another smart choice.

- Use a programmable thermostat that can be set to different temperatures at specific times during the day. When the office is closed, the temperature can be adjusted to lower costs.

- Review Energy Star® rated options when purchasing appliances. Energy Star is a system used by the EPA and Department of Energy to rate levels of efficiency of products.[102] You may be able to save up to one-third of your current energy cost.[103]

- Choose curing lights with LED technology. The technology lowers the amount of energy these lights use.

- Use smart power strips for electronic equipment.

- Purchase energy-efficient computers. Smaller hard drives or laptops that are turned off every night can save on energy use. Some software will automatically switch computers and monitors into standby or sleep mode at set times.

- Think about steam sterilization. This eliminates toxic sterilization vapors in the dental environment and eliminates hazardous waste; it also makes it possible to reuse sterilization wraps.[104]

**LED lights reduce energy consumption by 70 percent.**[105]

## GO DIGITAL

Many high-tech innovations provide a way to reduce waste and increase conservation efforts within the dental industry.[106] Before investing in them, however, it's wise to evaluate their features and costs as well as how sustainably they were made. Digital technologies for treatments, for instance, offer early diagnosis advantages and preventative therapies, which can often help avoid invasive or expensive procedures later. A few digital options to consider include:

- Digital imaging patients' records and digital imaging technology: Digital x-rays use less energy than conventional x-ray systems and require fewer materials.[107] They also provide enhanced image quality and better diagnostic efficacy. The instant image is available online, making it easy to access and reference at any time.[108] Cone beam computed tomography is a technology that is considered by some to be the standard of care where 3D imaging is necessary in dentistry. This technological leap allows practitioners to gain immediate access to accurate 3D images of anatomical structures, which often are critical to precise diagnoses, more effective treatment planning, and increased case acceptance.[109]

- Digital versions of journals and publications: Rather than printing off material, subscribe to digital formats or read publications online to reduce printer use.

- CAD/CAM technology: Using this technology for only restorations helps reduce the number of visits required to carry out the procedure. In this way, greenhouse gases that accumulate when patients and staff have to travel to multiple appointments are reduced.[110]

- Invisalign: This technology is used to align the teeth as a replacement for braces. After it is put in place, it reduces the number of visits required by patient and staff, thereby reducing the amount of carbon emissions during a procedure. It's also recyclable and BPA free.[111]

## THE BENEFITS OF SOLAR ENERGY

Power generated from fossil fuels is a major source of air pollution, which can lead to premature deaths.[112] Switching to solar panels can reduce emissions and save on energy costs over the long-term. A range of green energy providers can install the needed equipment and monitor the performance. See several options I recommend on my website: www.rosannacavalletto.com.

THE WHOLE PICTURE

Before purchasing new equipment or technology, it's important to think about the lifespan. You'll want to evaluate the source, how long the purchase will last, and what impact is being made on the environment through its production, use, and afterlife. Evaluate the amount of money saved, along with the carbon emissions reductions that will be provided.

## Questions for Self-Reflection

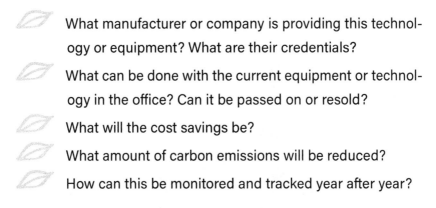

What manufacturer or company is providing this technology or equipment? What are their credentials?

What can be done with the current equipment or technology in the office? Can it be passed on or resold?

What will the cost savings be?

What amount of carbon emissions will be reduced?

How can this be monitored and tracked year after year?

CHAPTER 5

# A WALK THROUGH A GREEN DENTAL OFFICE

*We can never have enough of nature.*

—Henry David Thoreau

s we've seen in the previous chapters, a green dental practice positively contributes to our health and environment, while simultaneously providing financial benefits. We've discussed ways to reduce our resource consumption, lower levels of waste, and improve conservation methods. We've observed how our carbon footprint can be diminished by simple practices like starting a compost pile and turning off lights.

This whole mindset of "green dentistry" might seem like a far shift away from what is typically seen in today's dental industry. It's much more common to see commercial centers with large lettering that identifies "DENTIST" as a concrete-laden office spot interwoven with other businesses, retailers, and restaurants. You may even be wondering, *Where did this whole concept come from?*

Not from me. While the experiences I went through in the dental industry sparked my curiosity to begin this journey toward a greener dentistry, I didn't invent the term "green dentistry" or even ignite the idea. Other pioneers have already started down a green path.

Dr. Ali Fahrani, a Canadian-based orthodontist, defined "green dentistry" as "an approach to dentistry that implements sustainable practices by keeping resource consumption in line with nature's economy, by safeguarding the external environment by virtue of eliminating or reducing outgoing wastes and by promoting the well-being of all those in the clinical environment by conscious reduction of the chemicals in the breathable air."[113]

As this new mindset to dentistry has evolved, it's interesting to note that the word "green" has more than one meaning. As a color, it represents the concept of vision, stability, and resistance. It also reflects the concept of growth and hope, while referencing safety when used in publicity for medical products and medications.[114] While it is commonly used to reference the environment, it can also be used to portray the tone of money.[115]

*ORA Dental Studio, founded by Dr. Goran Kralj, Dr. Steven Koos, and Mladen Krajl, is an eco-dental group, one of the first to promote its services as eco-friendly dentistry.*[116]

With that in mind, I have good news. These early green dentistry leaders have set the stage for sustainability to reach the next level in our industry. Their efforts coincide with goals laid out by the United

Nations, which has labeled the 2020 decade as the "Decade to Restore Ecosystems."[117] This encompasses considering human health and the planet when making decisions. The base has been laid on which we can build a green future—and that includes creating a green structure in which dentistry takes place.

*The construction industry is often one of the main contributors to carbon emissions.*

—Worden

As we think about the design of a green dental office, it can be helpful to first understand the negative impacts that certain structures can have on the environment. It's also valuable to think about what can be done to improve air quality and what green certifications are available to guide the construction process. After reviewing those steps, we'll close the chapter with an example of a green dental office at work—serving clientele that care about the environment, including celebrities.

## Risks Associated with Conventional Structures

From the very beginning of the design and construction phase of a new dental clinic, decisions can be made that contribute to rising levels of contamination, the disappearing of green spaces, and the extinction of plants and wildlife.[118] These risks pertain to the dental industry as well. Following are several ways that dental buildings can have a negative impact on their surroundings:

- *Furnishings*: Dental units often include furniture, fabrics, surfaces, and décor that contain harmful components such as added urea formaldehyde, heavy metals, hexavalent chromium, perfluorinated compounds (PFC), halogenated compounds, and flame retardants. These are sources of hazardous indoor pollutants and emissions.

- *Environmental degradation*: When dental offices don't have conservation mindsets, they typically contribute to the growing problems related to air, water, and soil. These resources continue to deteriorate if they are not used in sustainable ways.[119]

- *Health problems*: Conventional dental practices can expose patients and staff to excessive radiation, which can lead to molecular changes within cells. Over time, this exposure can lead to medical conditions such as mutations, cancers, and difficulties in growth and development.[120]

- *Poor air quality*: Without proper controls, dental clinics might include harmful elements including bacteria, viruses, oro-nasal secretions, dental materials, tooth dust, and dangerous mercury and nitrous oxide vapors.[121]

---

**Biodiversity is collapsing throughout the world.**[122]

---

## THE PREVENTATIVE HEALTH BENEFITS OF TECHNOLOGY

In dentistry, dental impressions and appliances used on patients must always be treated as if they are potentially infectious. Harmful substances could be in the microbes that are present in saliva, occult blood, and dental plaque. Also, patients could be in an asymptomatic stage of diseases such as hepatitis C and be unaware of their condition. In some cases, they might not declare their condition to avoid discrimination. For instance, they could have HIV and not report it at the dental clinic.

To promote a sterile place, many chemicals are used for cross-infection prevention during dental processes. One of the most commonly used chemicals is glutaraldehyde, which is a transparent, oily liquid with a pungent odor. While it is used to prevent disease, it can actually cause harm. Exposure to glutaraldehyde can lead to throat and lung irritation, asthma, difficulty breathing, dermatitis, nasal irritation, sneezing, wheezing, burning eyes, and conjunctivitis.[123] Dentists can be exposed to glutaraldehyde by inhaling it or coming into contact with it.

Rather than using these harmful substances, there are safer/green choices. Some of these include disinfectants based on different ingredients.[124]

We must look for disinfectant products that are as ecological as possible. There are already disinfectant sprays on the market manufactured specifically to be applied to dental clinic surfaces that do not contain alcohol, ammonia, antibiotics, triclosan, or any other chemical. The invention of LEDs that generate germicidal deep ultraviolet (UVC) light has fueled advances in surface disinfection. UVC has a powerful germicidal effect against bacteria and viruses. It can be used to disinfect products such as medical equipment. UVC LEDs can be used as part of solutions to help prevent the spread of COVID-19 and other pathogens. Potassium monopersulfate is another nontoxic disinfectant that can be used as a "green" disinfectant product option for COVID-19.

In addition, computer-aided design/computer-aided manufacturing technology (CAD/CAM technology or CCT) greatly reduces biohazards for dental patients. This is due to reduced contamination while taking digital impressions. It is also based on digital manufacturing processes for appliances, which takes place in closed automated conditions.

The most modern production process for CAD/CAM technology is fully automated, and milling machines are equipped with automatic systems for the replacement of tools. This allows a dental appliance to be produced with limited or no human intervention.

As the technology goes through the distribution phase, residual bio-hazards can be reduced by using PPE. Quality control and appliance disinfection before delivery are easier and automated using CAD/CAM compared to traditional dental laboratories. These appliances should ideally be sterilized or receive at least intermediate-level disinfection before being delivered in a sealed pouch to dental offices.[125]

## The Benefits of a Green Office

Rethinking the design and construction of a dental practice with an environmentally friendly mindset might require an initially larger investment than what would be needed for a conventional structure. With the length of time, however, this method results in savings.[126]

Studies have demonstrated that eco-buildings have longer life cycles, lower maintenance costs, and fewer energy and water repairs. They have lower turnover rates and higher levels of satisfaction among those who use them than conventional buildings. Energy and resource efficiency can be improved between 40 percent and 45 percent, which leads to a lower energy demand than what traditional buildings require.[127]

Going beyond financial sheet benefits, a sustainable design can help promote a dentist's brand. Patients will experience a safer, healthier, and more streamlined service. A green approach generally leads to higher levels of patient satisfaction. An eco-friendly environment that accounts for the patient's well-being is usually perceived as holistic and positive as well.[128]

**GREEN OFFICES IN ACTION**

As I mentioned at the beginning of this chapter, I'm not the first to advocate for a greener dentistry experience. Here are examples of dental practices that have taken a holistically green approach—and found success:

- Dentist Clinic in Fukuyama/Hiroshima, Japan

- Sensorial Order by Susanna Cots based in Barcelona, Spain, and Hong Kong

- Brown's Dental Practice in Ivybridge, United Kingdom

- River Dental Office in Ottawa, Canada

- PEAK Dental Health in Maine, United States

- Ora Dental Studio based in Chicago, United States

# Energy-Efficient Designs for Dental Offices

When implementing a green strategy for a new building or a renovation project, there are many choices that can be made to reduce its environmental impact. Often referred to as "sustainable architecture," the basic concept is to find ways to lower energy use and make the most of the resources that are at stake. Some ideas for energy efficiency include:

- Energy-efficient HVAC systems that don't contain chlorofluorocarbons (CFC)[129]

- "Cold roofs" which reflect solar light at high levels or have a covering that reduces the cooling requirements inside the building[130]

- Using concrete for construction instead of bricks[131]

- Installing double glazed windows to improve insulation and optimize solar light use[132]

- Maximizing lighting efficiency through windows, fans, curtains, and drapes with automatic settings that change with the time of day[133]

- Glass panels made to allow light to shine through but block out solar heat[134]

**PROTECTING BIODIVERSITY IN A DENTAL OFFICE**

Our very lives depend on the trees and the plants that convert carbon dioxide into oxygen. We need the microbes that create fertile soil to sustain life, along with the insects that decompose waste and pollinate crops.[135] Taking this into consideration when designing a dental practice means that we'll want to do everything possible to support these organisms. One creative way to do this involves setting up vertical gardens. Imagine how a dental office alive with plants, herbs, and flowers could rejuvenate the space, provide fresh air for patients, and actively advocate for biodiversity.

*The main priority of vertical gardens*
*is to transform the city.*

—Fernando Ortiz Monasterio, architect and designer

## Designing to Improve Air Quality

When creating a building or renovating a space, the budget sheet typically includes a list of items needed. This presents an opportunity to take a careful look at what's available on the market. The initials EPP stand for "Environmentally Preferable Purchasing," and this approach refers to finding products and services that have a lower impact on human health and the environment compared to competitive items on the market.[136]

If EPP is applied when designing and furnishing a dental office, you'll gain higher quality air inside the building. For instance, consider a space that needs to be painted. Rather than heading out to the store or ordering metal-based paint, you might research what types of paint are available. You could look through the list of ingredients or ask the contractor to send over several options that include a list of ingredients. After reviewing what's on the market, you might choose an eco-friendly paint that doesn't have heavy metals in it and is nontoxic.

## Certifications to Implement Sustainable Structures

Fortunately, when delving into the construction of a green dental building, you don't have to plan out all green techniques on your own. The concept of sustainability has been commercialized, and there are various certifications and green options available today. In addition to helping you make sure the building is suitable for the environment, having green credentials can improve a dentist's reputation. Patients, especially millennials, are typically attracted to green brands.

*A Nielsen study found that nearly three out of four respondents stated they would be willing to pay more to acquire sustainable products.*[137]

Since every region is different and each space is unique, there isn't necessarily one certification that all dentists should obtain. Rather, it's a matter of investigating your surroundings and the building codes in your area. This exercise will help you decipher what will best suit your practice.

That said, there are several common certifications on the market today. Following is a review of these, which can be used as a starting point when considering which credentials would be best:

**LEED (Leadership in Energy and Environmental Design):** Developed by the US Green Building Council in 2000, LEED is a classification system for ecological buildings. It serves as a point of reference for design, construction, and operation. Studies have shown that ecological buildings that have LEED certification in the United States and other countries consume 25 percent less energy and 11 percent less water than buildings that are not classified as ecological.[138] The qualifications for LEED certification reflect the sustainable development of the site, water savings, energy efficiency, the selection of materials, and the quality of the interior environment. Having the LEED plaque in a building represents leadership and a planned, well thought out design.

*A series of projects associated with the dental industry have received LEED certification, along with other medical-related projects.*

—Sarah Stanley, director of communications for USGBC

Most of the dental clinics that have LEED certification are associated with schools. There are two dental practices with LEED certification: one in Michigan and a pediatric center in California. There are standards for materials to use in construction that dentists can use to guide their projects. Factors related to location, such as the proximity to public transportation and bicycle routes are taken into account for the certification.

**WELL Building Standard:** WELL is based on a body of medical research that explores the connection between buildings where we pass more than 90 percent of our time and the health and well-being of the occupants of these buildings. WELL certified places are designed to improve levels of nutrition, fitness, and well-being. WELL is administered by the International WELL Building Institute (IWBI), which is a public corporation designed to improve health and well-being through construction.[139]

**Green Guide for Health Care**: This guide can be used as a resource for best practices when designing a dental space. It offers guidelines on the construction and operations for healthcare spaces. It also lays out sustainable practices for the health industry.

**Sustainable Agriculture Network**: Any materials used that have a biological base should be approved by this network. The Sustainable Agriculture Network functions to transform agriculture into a sustainable practice.

## OPPORTUNITIES IN CENTRAL AND SOUTH AMERICA

If you live in Central or South America, or travel to these places, you'll find that these regions have small but growing and active ecological construction markets. These areas are among the most urbanized places on the planet, with 80 percent of the people living in cities or urban areas. By 2025, it is estimated that these cities will grow by 20 percent and have around 315 million people living in them. Implementing green construction practices will be critical for providing a high quality of life for those who live, work, and play in these cities.[140]

**B Corp**: Known as Sistema B in Latin America, this international certification verifies that companies have complied with the highest standards of social and environment development, public transparency, and legal responsibility. The certification covers five main areas: governance, employees, community, environment, and clients. The

B Lab evaluates and confirms that the standards have been met. To receive the certification, companies can expect to undergo a rigorous process and fulfill a long list of requirements.[141] In Venezuela, Sistema B is represented by Community B (@comunidadbvzla on Instagram).

**Green Business Bureau Certification**: This certification focuses on environmental and sustainable initiatives. Companies can use it as a guide to create a plan and improve their green efforts. It is a qualitative procedure. The Green Business Bureau seal is well recognized, and companies that receive the certification can expect to be positively recognized for their commitment to the environment and sustainability.[142]

## A Good Starting Point

If your dental practice has few employees or doesn't have the budget to fulfill an intense set of high standards, the Green Business Bureau Certification may be a good fit. The process for certification is available online and can be carried out at your own pace. The program is less costly than others and has simple requirements for companies that are in their early stages. As you grow, the Green Business Bureau provides standards for more advanced practices.[143]

**Eco-Dentistry Association Certification:** This certification includes a program known as GreenDOC, which has everything needed to turn a dental practice green. It shows how to eliminate waste and what to recycle. It also offers a guide on properly handling harmful metals like mercury, lead, cadmium, and copper. The program provides a roadmap for dental practices to follow so they can easily implement new green habits over time.

**SUSTAINABLE ARCHITECTURE IN VENEZUELA**

When constructing or remodeling dental clinics in Venezuela, several architect companies that specialize in sustainability include:

- ODA Arquitectos

- Innotica

- Vepica

- Soluciones Sostenibles

## Establishing a Green System

In addition to thinking through certifications and getting involved in programs, it's helpful to create a system that can measure emissions and track progress. This can be done through software as it becomes available on the marketplace. Other steps to establish a system include:

- Using a **carbon emissions calculator** to measure the emissions of your dental clinic

- Signing up for services such as **Grupo Ambing**, as mentioned in chapter 2, which can help measure and track dental emissions

- Exploring **MOBIUS Ecochain software** (https://ecochain. com/solutions/product-environmental-footprint/), which enables you to understand and improve the environmental footprint of your product or service in a simple and easy-to-use online application. With Mobius, you can compare different materials and processes throughout the life cycle of your product or service. It can even measure dental procedures through the Life Cycle Assessment. Imagine how deep you can dive into having accuracy when talking about your own dental clinic emissions! Once this software is installed and your results are shown, let the world know about your dental clinic's green impact by using this fantastic software!

- Getting involved in recycling through companies such as Multirecicla

## A GLIMPSE INTO A GREEN DENTIST OFFICE

A Mexican actress has a dental appointment with Dr. Maria in Mexico City. Before the date of the appointment, Dr. Maria sends her an email outlining three main points:

- The importance of carrying out initial dental procedures during her first visit, along with an explanation of what is being done to reduce the office's carbon footprint. Dr. Maria mentions that the first examination has a footprint of 5.5 kg of CO2e.

- An emphasis on coming to the visit via bicycle.

- All necessary safety measures taken for COVID-19.

On the day of the appointment, the actress enters the clinic and immediately sees walls covered in greenery, a roof with solar panels, and a balcony full of various flowers and plants. There are even small nests perched on the rooftop to attract birds. Inside the office, there is soft lighting, which saves energy and also creates an inviting atmosphere.

As she looks around, the actress notices that measures have been taken to construct a sustainable building. The use of green is used throughout the space, which encourages healing and relaxation. Vertical gardens are set up on some of the walls. There is even an internal garden where Dr. Maria grows a variety of fruits and herbs. The HVAC system is energy efficient; the windows are double glazed, and the space is BPA free. The furniture was purchased second hand through a place with sustainable practices. A water system is in place to capture and reuse rainwater. Many of these features are noted by the green certification plaques on one of the walls.

During the appointment, Dr. Maria uses cutting edge technology and equipment that has been certified for sustainability. These include:

- Invisalign
- Itero5
- CBCT from Carestream
- IQAir HEPA for Dentist

Dr. Maria takes digital x-rays for the Mexican actress, while explaining that this method helps to lower carbon emissions by 5.5 kg CO2s for each x-ray. The water used is purified and chemical-free. The dental chairs are covered with organic, reusable cotton and bamboo. Dr. Maria and her assistant document everything they use and sort it accordingly into recycling and waste bins.

Throughout the appointment, Dr. Maria takes the necessary time for each procedure and the actress never feels rushed. The personal approach helps put the actress at ease and encourages a positive outlook. When the appointment is over, Dr. Maria and her staff provide recommendations for eco-friendly nontoxic products that can be used to maintain oral health at home. They even give the actress samples of several to try, including a toothbrush made with bioplastic and fluoride-free toothpaste.

## Questions for Self-Reflection

What are some changes you envision could be made in your area to further green dentistry efforts?

What are some obstacles you have encountered, or may encounter, by going green?

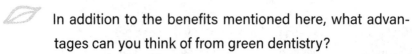 In addition to the benefits mentioned here, what advantages can you think of from green dentistry?

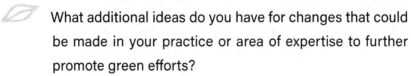 What additional ideas do you have for changes that could be made in your practice or area of expertise to further promote green efforts?

# CHAPTER 6

# MAKING IT A LIFESTYLE

*Nature and life itself are intimately connected.*
*The balance that exists between the generosities*
*of our Earth and life itself is so fragile that for*
*nature to be "reciprocal" positively in our health,*
*we must be "reciprocal" in return to it.*

Our everyday lives are connected with nature in so many ways. To promote better well-being, we must think about what we are consuming from the Earth and the impact of these substances on our health. The lived experience led me to take a break from practicing dentistry to regain my health and to engage in research in dentistry and its contamination. During the process, I began to appreciate the importance of choosing a preventive lifestyle, which led me to stay physically, mentally, and emotionally healthy.

Today, having access to valuable resources and a preventive-minded lifestyle are key factors in optimizing health. In this chapter, we will analyze certain aspects where lifestyle improvements could be made, including toothpaste ingredients, packaging, and dental products.

## What Are We Introducing into Our Bodies?

Due to our vital connection to nature, our health greatly depends on fertile soil.[144] Microbes create soil, which is composed of water, air, nutrient cycling plants, and animal life. Plants grown in the soil serve as a basis for food, fuel, fibers, and medical products, along with other critical ecosystem services.

Finding fertile soil today is not always easy. The essential nutrients of the soil began eroding during the industrial era and continue to be swept away. As manufacturers spill chemical-laden substances into the dirt, the soil's quality is greatly reduced and its toxicity is increased.

When the soil is contaminated, these harmful substances can end up in our bodies. We might consume PFAs,[145] fluoride,[146] BPAs, pesticides, and other toxins that are potentially damaging our health.

Taking this into consideration, our health is affected in alarming ways. Consider the following:

- In a study of breast milk samples, 100 percent of the samples tested positive for toxic "forever chemicals."[147] The term "forever chemicals" refers to chemicals that are very hard to break down; the process can take thousands of years.

- According to the EGW, Europe has banned over 1,300 ingredients. In the United States, just thirty ingredients have been banned. An organization called Credo has banned over 2,700 ingredients.[148]

- In a study on PFAs, detections of toxic PFAs and chemicals in breast milk were found to be rising globally and doubling every four years.[149]

- Personal care products can contain parabens, a potential disruptor to the endocrine system.[150] Parabens could have other harmful effects as well.

- Mercury may also be found in cosmetics for the eye area, such as in mascara, and in eye makeup cleansing products, where it is used as a preservative.[151]

- Mercury-containing skin lightening products are manufactured in many countries and areas, including Bangladesh, China, Dominican Republic, Hong Kong, Jamaica, Lebanon, Malaysia, Mexico, Pakistan, Philippines, Republic of Korea, Thailand, and the United States.[152]

- Formaldehyde has been linked to asthma, neurotoxicity, and developmental toxicity.[153]

- Synthetic fragrances, which combine three-thousand-plus chemicals, contain hormone disruptors, allergens, and many other harmful substances that could affect our overall health. These exist in makeup, skin care, hair, bath, body, and oral care products.[154] They might also be present in many other goods.

As you look at preserving your own health, I invite you to form a preventative mindset. Evaluate the food you purchase and eat, the water you drink, the personal care products you use, and the disinfectant products you buy. Here are some suggestions to get you started:

- When purchasing vegetables, be aware that some could contain pesticides and other harmful substances. Try this shopping guide to help you make smart purchases: www.ewg.org/foodnews/dirty-dozen.php.

- When using cleaning products in your home, you could inhale potentially harmful chemicals. Consider these green alternatives: www.ewg.org/guides/cleaners/content/top_products/.

- For home products, look at Seventh Generation, which uses packaging from recycled materials: www.seventhgeneration.com/home.

- To understand what might is safe and what to avoid, try this "dirty list," which identifies unsafe ingredients: https://credo-beauty.com/pages/the-dirty-list-1.

## Thoughts about Toothpaste

Dietary sugars—in particular sucrose—contribute to the formation of plaque on our teeth. The presence of sugar in the mouth also increases the rate at which plaque forms and the thickness of the formed plaque. To maintain a healthy mouth, it is essential to regularly remove plaque from the teeth.[155]

With that in mind, toothpaste has long been advertised as the solution for removing plaque. Many other toothpaste-based claims have been made, including the promotion of healthy gums and whiter teeth. Some brands assure toothpaste will reduce the presence of bacteria in the mouth.

When considering toothpaste from a preventative perspective, we must ask, "What ingredients are in the toothpaste?" We will also want to decipher what exactly toothpaste is, its role in sustainable oral health, and how to select healthy options.

### WHAT IS TOOTHPASTE?

Toothpaste is defined as a semisolid material used for removing naturally occurring deposits from teeth.[156] Toothpaste is supposed to be applied with a toothbrush. Manufacturers use different ingredients to create toothpaste, and typically seek components that are effective at cleansing, and also are appealing to customers. There are thousands of toothpastes available in today's market.

When we brush our teeth, we typically have a sensation of protecting our teeth from cavities and plaque. It's important to note, however, that some of the ingredients in the toothpastes we use may be causing harm inside our bodies. There are certain risks that come with toothpaste, including cancer, allergies, immunotoxicity, and developmental and reproductive toxicity. The ingredients could also cause toxicity to nonreproductive organ systems. We must keep in mind there could be ecotoxic risks. This refers to the effect of toxic chemicals on biological organisms within an ecosystem.

With that in mind, let's consider what is actually inside a tube of toothpaste. Following is an overview of potential ingredients that are frequently used to create toothpaste:

### Solvents

This mainly consists of water. A solvent is an essential element that is typically used to mix the other ingredients in a toothpaste.

### Foam Agents

Foam is often associated with satisfaction when cleaning teeth.[157] To create this sensation, a foam needs to have volume and a sense of thickness. Thus, a foam agent is an essential component. In addition to a clean feeling, it serves to lower the surface tension of the liquid environment in the oral cavity, dissolve plaque, and disperse flavors.

The foam agent most frequently used in toothpaste is sodium lauryl sulfate.[158] This ingredient can cause canker sores, dry mouth, and gum sloughing in the mouth. Other ingredients often used to create foam include sodium lauryl sarcosinate, sodium alkylsulfo succinate, sodium cocomonoglyceride, sulfonate, and sucrose fatty acid esters.[159]

> **Diethanolamine is a component often used to help create lather, but it is associated with hormonal disturbances, cancer, and organ toxicity. Diethanolamine is banned in the EU.**

Instead of harmful foam agents, we have a natural alternative. Silica is a mineral that serves as a bulking agent to increase foam. It is also an opacifying agent, which creates a pearly look to the teeth. Silica acts as a humectant, meaning it draws moisture.[160] Potassium salt from coconut acid also increases foam and holds ingredients together, providing a foam sensation in a natural way.[161]

### Sweeteners and Flavoring Agents

The taste and smell of a toothpaste are important. Among the options available, sugar alcohols may be the safest choice. They serve as a humectant, retain moisture, and provide flavor and fragrance. Sorbitol and xylitol might also be used to improve the taste. Stevia extract is another flavoring agent that can help get rid of any unpleasant smells and taste and instead provide a cool, refreshing taste.[162]

### Anti-Cavity Agents

This functional toothpaste component often comes in the form of xylitol. Sodium bicarbonate is also used, as it has a buffering effect and neutralizes acids.[163]

## Humectants

These elements are added to toothpaste to prevent the loss of water and subsequent hardening of the paste in the tube or when it is exposed to air. Some glycols, such as polyethylene glycol (PEG) are petroleum-based ingredients that may be used as humectants. These elements are considered "dirty" toxic chemicals. PEGs are associated with the carcinogenic contaminant 1,4-dioxane. Exposure to PEGs and trace amounts of 1,4-dioxane can lead to health concerns such as cancer, and liver and kidney damage. Propylene glycol may be used as a humectant.[164] This chemical is associated with skin irritation, eye and lung irritation, and organ system toxicity.[165]

> *Glycerin is a natural alcohol compound that binds to water. Its properties are used as a humectant, emollient, solvent, lubricant, and fragrance. Glycerin is one of the safest toothpaste ingredients.*[166]

## Synthetic Coloring Agents

To create color, toothpastes may contain agents such as D&C Red 30, FD&C Blue 1, and D&C Yellow 10. The term "D&C" refers to colorants that may be used in cosmetic products and drugs but not food. These coloring agents are produced from petroleum.[167] Over time, they may accumulate in the body and cause organ system toxicity.

> *If the toothpaste has a bright, attractive color, refuse it.*

## Anti-Dentine Hypersensitivity Agents

Toothpastes may incorporate elements to help with hypersensitivity conditions in the mouth. Some of these agents include potassium salts. Certain forms of potassium salt might not be safe.

### THE BEAUTY OF ESSENTIAL OILS

When used in toothpaste, essential oils can serve as anti-plaque agents, fragrance, antioxidants, and astringents. Some of the common oils you'll find include:

- Mentha arvensis oil

- Citrus lemon peel oil

- Citrus aurantium dulcis (orange) peel oil

- Mentha piperita or peppermint oil

- Tea tree leaves oil

## Binding Agents

These components are used to prevent the powder and liquid ingredients in toothpaste from separating. They also give an appropriate degree of viscoelasticity and form to the toothpaste. They have an influence on the dispersion, foaming, rinsing, and other qualities of the toothpaste in the oral cavity. Common binding agents include polysaccharides such as sodium alginate, carrageenan, and xanthan gum. These are considered clean and safe. There are also synthetic polymers like sodium polyacrylate and inorganic clay minerals such as bentonite and laponite.[168]

---

## Preservatives

This essential component prevents the growth of microorganisms in the toothpaste. Most of the preservatives that are used come from the sodium benzoate and parabens family.

The CDC has detected parabens in almost all Americans that have been tested.[169] Parabens are linked to health risks including cancer, endocrine disruption, reproductive toxicity, neurotoxicity, and skin irritation.[170]

## Abrasives

These are used for to help grind and polish the teeth and are considered a functional ingredient. Abrasives remove substances adhering to the surface of the teeth without scratching them. Abrasives also bring out the natural luster in teeth. They most often consist of crystals, although small and smooth particles are better to avoid tooth wear.

Calcium carbonate, an inorganic salt, is one of the most common clean abrasives. It can be used to scrub and serves as a buffering agent, opacifying agent, and building agent.[171]

## Anti-Plaque Agents

Toothpastes might have agents that fight against plaque such as sodium lauryl sulfate and triclosan. These chemical substances, while carrying out their anti-plaque effect, could cause disruptions to the thyroid, create bacteria resistance to antibiotics, or cause skin cancer. They have been banned in many countries.[172]

In 2016, the FDA started cracking down on the use of triclosan in toothpastes and many other consumer products.[173]

*Fluoride*

Most of the toothpastes on the market today contain fluoride.[174] As we saw in Chapter 4, high levels of fluoride carry many health and toxicity-related risks for people and the environment.

> **Given its damaging effects mentioned in Chapter 4, should we be putting fluoride in toothpaste?**

## Fluoride Replacements for Toothpaste

Now that we have reviewed the list of ingredients commonly found in toothpaste, we are able to better evaluate what should stay—and what should go. Among the first items that should be removed from the components in a toothpaste is fluoride. As we dive into a biological dentistry approach, we can understand why we don't need fluoride in our oral care.

Instead, we can turn to natural toothpaste ingredients that are free of fluoride. In today's market, there are many alternatives available. Some companies are coming up with naturally derived components that serve as whitening agents, restore tooth enamel, and have a positive effect on oral health. Visit my page for a list of some that I recommend: www.rosannacavalletto.com.

### HYDROXYAPATITE MINERALS

Research has been carried out on the hydroxyapatite component. It is a naturally occurring mineral form of calcium apatite, which is a molecule that is naturally found in bone and teeth. This mineral makes up 90 percent of tooth enamel and helps to strengthen and protect teeth. It could also provide increased volume. It serves as an exfoliant on the tooth enamel. It could eventually replace fluoride completely in toothpaste.

### Prebiotics

These plant fibers help healthy bacteria to grow in the gut. Since they promote overall good health, they could be used in toothpastes as a natural, preventative ingredient.[175]

## Food Packaging and Chemicals

When we consider the containers in which foods are placed, we need to be aware of the chemicals involved. In the case of food, packaging chemicals such as phthalates and bisphenol A can disrupt the normal function of the endocrine system and affect the reproductive system. The same is true for PFAs that are added to packaging. These chemicals are often used to provide a nonstick surface; the negative consequences, however, can harm everything from fetuses to our immune systems and hormonal function.[176]

**Medical polycarbonate is considered a sustainable plastic.**[177]

There are basic considerations we can keep in mind when making purchasing decisions. These include:
- Buy less.
- Avoid single-use devices.
- Choose products with sustainable packaging when possible.

- Select recyclable, reusable products whenever possible.

- Manage your inventory to reduce purchasing items that you do not need.

- Choose chemicals carefully.

- Encourage manufactures, consumers, healthcare professionals, and healthcare policy makers to consider environmental sustainability, along with money and people's health, when recommending products.[178]

## Bamboo Toothbrush versus Plastic: What's Best?

When talking about eco-friendly dental products, at first glance a bamboo toothbrush might seem like a fantastic idea. After researching this option, however, I believe we can find even better solutions. This is because we need to look at the whole picture when evaluating sustainable solutions.

A shift to bamboo toothbrushes would lead to a growing demand in the future for this material. The result could lead to modifications in the bamboo ecosystem. As more bamboo is planted and harvested, the cultivation process could even become a source of carbon.

With that in mind, when we consider the elaboration of toothbrushes, it is important to carry out a life cycle assessment (LCA). This process will guide the product developer to evaluate the environmental impact of the natural resource, including energy consumption and use.

Another consideration to keep in mind regarding bamboo toothbrushes is that they easily deposit bacteria. After it is no longer useful for a consumer, disposing of a bamboo toothbrush would include removing the bristles for it to be biodegradable. This step would consist of removing metal staples from the bamboo handle, which takes about 30 minutes.

In terms of plastic toothbrushes, we could find better ways to incorporate a sustainable approach. Plastic toothbrushes, when developed, should follow a recycling chain. Recyclable plastic brushes don't take up a lot of land and don't need much water to grow. This allows plastic to remain in the recycling chain.

We can expand our minds even further when it comes to better toothbrushes. For instance, we might consider using a sugar cane to create a bio-based toothbrush. This method could give us a biodegradable option with a lower risk of generating a carbon footprint.

*We need a system where plastic toothbrushes can be collected like batteries and then recycled into new products. If plastic escapes the recycling chain, it should be able to easily and naturally break down into harmless products.*

—Brett Duane

## Beauty Products and Packaging

Do you have any beauty products to recycle? Pact, a new nonprofit beauty recycling program, provides a sustainable solution for hard-to-recycle makeup packaging. Learn more at: www.credobeauty.com.

*Less than 10 percent of beauty product packages are recycled.*

—Credo, an organization that promotes progressive social change

**ALL ABOUT LABELS**

Learning to evaluate how food and products are distributed can help you make smart choices. To start, look at an organic certificate on items. Then use these resources to educate yourself further on labels and products.

- Decoding Cosmetics Claims: Non-Toxic

- Ethical and Sustainable Labels to Look For

- What Is a Green Procurement Policy?

- Green Purchasing Policy

## Questions for Self-Reflection

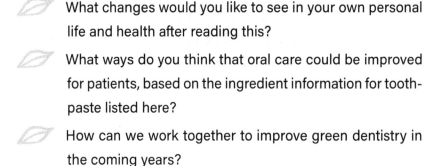 What changes would you like to see in your own personal life and health after reading this?

What ways do you think that oral care could be improved for patients, based on the ingredient information for tooth-paste listed here?

How can we work together to improve green dentistry in the coming years?

# CONCLUSION

y journey to finding better health and sustainable dentistry did not happen overnight. It has had ups and downs, twists and turns, and unexpected interruptions. When I look back on it, I see the good, the hard, and everything in between.

Still, the experiences I have gone through, especially those I shared in the first and last chapters about my health struggles, have led me to a better place. I am thankful for the path they have spurred me on to, and I am filled with gratitude for what I have learned along the way.

This course of events led me to dive into research and read absolutely everything possible about these concerns. I studied for hours, traveled to places to investigate, talked to experts, and came to my own conclusions. I have shared many of these insights with you during these last pages.

And now that we have come this far, I want to leave you with a final, closing thought. When I started my journey toward green dentistry and better health, I felt very alone. As I searched, however, I found more and more individuals, dentists, and clinics who shared my thoughts. Moreover, many of them had carried out pioneering research in the field of dentistry. They welcomed me into their league and encouraged me to add to the world of sustainability in whatever way I could.

Now, in turn, I invite you to do the same. I am holding out my hand and asking you to come with me, with the other pioneers, and with the up-and-coming generation of dentists who want to take a new approach. A better one. One that will save our health. One that will save our planet. With that set, I encourage you to honor our Mother Earth, the planet that nurtures you and needs your support for a better tomorrow, which will be held by future generations.

## CONTACT

For more information on Dr. Cavalletto visit www.rosannacavalletto. com, or you can reach her by email at dr.roxicavalletto@gmail.com.

# ACKNOWLEDGMENTS

Mariana Chong, I am grateful for the synchronicity manifested with you during the development of my book. I also give thanks to life for placing me with special people like you. Thank you for being there, for advising me, and for guiding me on the path called life—a path of spiritual and personal growth shared many times with you.

Life and circumstances, I am grateful for the lived experience because all this learning has led me to obtain a new awareness of the wisdom of a healthy life, as well as to reconnect, redo, rethink, be reborn, reorient myself, and reorganize myself in a new vision for my profession.

Juliette Ostos Chong, thank you for the input of your inspiration manifested in the creativity and/or ideas elaborated for the graphics in my book. I congratulate you on your future title of Associate of Arts at Lone Star Community College in Texas and 3D Modeling in Graphic Design.

I go through life following my dreams. Thank you, Advantage Family, for making this book come true, which is one of my dreams.

Gratefully,
Dr. Rosanna

# cuida tu salud, salva el planeta

Odontología para un futuro verde y brillante

# DEDICACIÓN

Este libro va dedicado a mi padre, el mejor ejemplo de padre que he podido tener. Gracias Papá porque nunca me ha faltado nada en mi educación y durante el desarrollo de mi profesión. Gracias por contribuir en conjunto con mi madre en volverme la persona que soy hoy día. Gracias por la sabiduría con la que me guías y me aconsejas en las decisiones de mi vida. Gracias por tu fiel y enérgica sincronicidad con mi libro. Ha sido una experiencia memorable y única para mí. Te honro.

Agradezco y honro a mis orígenes, a esas raíces de dónde provengo.

A la madre tierra, agradezco y honro al planeta donde pertenecemos. A nuestra bendecida Tierra que es un ser vivo que nos sustenta, nos sostiene y nos contiene con sus bondades necesarias para nuestra vida.

# INTRODUCCIÓN

¿Cuál es el objetivo principal de la odontología? ¿Diríamos que la odontología existe con el propósito de crear una boca higiénicamente limpia, con dientes sanos y perfectos en su forma y una sonrisa impresionante tomando en cuenta la ciencia que involucra mejorar y proteger la mordida? ¿O hay algo más? ¿Sería una oportunidad importante para hacer un mejoramiento en la salud general de los pacientes, pero partiendo desde la salud de la cavidad oral, atendiendo nuestro ecosistema y al mismo tiempo a nuestro propio bienestar?

Cuando empezamos a hacer una reflexión sobre la industria de la odontología actual, es prudente reconocer que cada vez más tenemos nuevas herramientas que facilitan y ofrecen habilidades para planificar, predecir, comunicar, diagnosticar y poner en práctica con éxito el conocimiento aprendido durante nuestro ejercicio para devolverle el bienestar al paciente. Haciendo esto, se sientan las bases para ayudar a los pacientes a sentirse mejor y devolverles bienestar. La oportunidad para servir nuestra profesión en esta manera es algo que la odontología ha perfeccionado maravillosamente durante las últimas décadas.

Desde mi punto de vista y de las experiencias que he tenido he descubierto durante la práctica que la odontología actual tiene la capacidad de generar un impacto aún mayor en el medio ambiente y en la salud general. Cuando hablamos de bienestar, nuestros pacientes pueden mejorar significativamente por la ejecución de la "prevención" de la salud general con la búsqueda de la "toxicidad" en la salud oral, para que desde un enfoque "biológico" y de "optimización" del estilo de vida; la salud oral y general de nuestros pacientes mejore. En el medio ambiente, sucede algo similar y las posibilidades son sorprendentes.

Para empezar, vayamos a un consultorio odontológico donde trabajé varios años.

Sola dentro de un consultorio, un espacio pequeño, hay una odontóloga cansada y con malestar en su cuerpo. Esa soy yo. Es el fin de la jornada laboral y acabo de terminar con mi paciente número dieciséis. Fue un día típico, dado que comencé atendiendo a pacientes como siempre lo hago, con una pasión y deseo sincero para ayudarles a sentirse bien y verse lo mejor posible. Y los pacientes, a su vez, expresaron su agradecimiento por mis esfuerzos en maneras genuinas y a veces inesperadas. Algunos de ellos se presentaron a sus citas con obsequios como zarcillos, cadenas y anillos de oro. Otros pacientes me trajeron objetos personalizados como tazas de café para mí y mi asistente dental, mientras otros llegaron con un par de zapatos para mi padre.

Estas hermosas expresiones me conmovieron, representaron una conexión que sabía que existía mucho antes de recibirlas. A lo largo de mi carrera la cual comenzó en Venezuela y se trasladó a Arabia Saudita, he sentido firmemente que los profesionales de la odontología, tenemos mucho que ofrecer a nuestros pacientes. Sí, podemos arreglar un diente, mejorar la mordida, la sonrisa, devolver su alegría en esa sonrisa, pero podemos hacer cambios aún más significativos.

Me encantaría decirles que estaba lista para atender a otros dieciséis pacientes al día siguiente. Pero estas palabras no serían la verdad. En realidad, no me sentía bien el resto del día. Cada vez que tomaba una radiografía peri-apical, comenzaba en mi cuerpo una sensación de mareo. Los desinfectantes utilizados para esterilizar los materiales entre paciente y paciente me irritaban la piel. Tuve dolores abdominales fuertes que a veces me impedían venir al trabajo. Aparte de estos efectos secundarios, aun cuando estaba presente en el consultorio, tuve poco tiempo para conversar activamente con mis pacientes y compartir con ellos. Esto, afectaba completamente mi forma natural de ser.

Aun así, seguía esforzándome y trabajando, y pude reconocer en los pacientes, un vínculo entre la condición de los dientes y la de su salud. De los pacientes, muchos manifestaban problemas de salud bucal y general al mismo tiempo. De los que padecían de diabetes, obesidad o una deficiencia de vitamina D, el 80% sufrían también de la enfermedad periodontal. Los problemas de salud que observé, tanto en la boca como en el cuerpo me hicieron a reflexionar sobre la relación entre las enfermedades del cuerpo y de la boca que parecían ir de la mano. La verdad es que la salud bucal es más importante de lo que imagina. Los problemas en la boca pueden afectar al resto del cuerpo. La boca está repleta de bacterias, en su mayoría dañinas. De hecho, es el punto de entrada a los tractos digestivo y respiratorio y algunas de las bacterias pueden causar enfermedades. Las bacterias orales y la inflamación asociada con una forma grave de enfermedad de las encías (periodontitis) pueden influir en algunas enfermedades. La diabetes puede reducir la resistencia del cuerpo a las infecciones, lo que agrava los problemas de salud bucal. La salud bucal podría contribuir con la endocarditis que generalmente ocurre cuando las bacterias u otros gérmenes, como las bacterias de la boca, pueden diseminarse a través del torrente sanguíneo y adherirse a ciertas áreas del corazón; y también la salud bucal puede estar relacionada con complicaciones del embarazo y del parto, como el parto prematuro y el bajo peso al nacer, entre otros.[1]

Además, estas observaciones me hicieron investigar sobre mi propósito general como odontóloga. Me preguntaba si al remover las amalgamas y restaurar los dientes enfermos, simplemente trataba las enfermedades después de que se habían desarrollado. ¿No sería mejor ayudar a los pacientes a prevenir problemas de salud, en lugar de simplemente tratarlos una vez que aparecen?

Finalmente, me impresionó el montón de desechos que nuestra actividad ocasiona al medio ambiente. Los productos desechables que se utilizaban durante cada jornada laboral. La cantidad de plásticos utilizados para un solo paciente son suficientes para causar preocupación: los guantes, los tapabocas, los micro-aplicadores, los vasos, campos y batas desechables, los eyectores salivares, los protectores de jeringa triple, entre otros. Me pareció mucho para tirar en la basura cada día.

Al trabajar en este entorno, finalmente llegué a la conclusión de que ver a tantos pacientes enfermos y en malas condiciones en realidad se me mostraba otra visión. El uso de sustancias químicas y tóxicas que afectan nuestro cuerpo y tienen un impacto negativo en el ambiente que nos rodea parecía ser una receta para el desastre. Este descubrimiento me motivó profundamente a buscar un mejor enfoque.

Ahora salgamos de esta oficina del pasado y avancemos al día de hoy. En lugar de un consultorio odontológico, les invito a visitarme en mi casa. Caminen conmigo y observemos literatura científica de odontología sostenible en mi estudio y las muestras de productos ecológicos. Vayamos a mi jardín, donde nos sentemos en una mesa rodeada de vegetación y plantas, en un espacio lleno de vida y de aire fresco. Les ofrezco un jugo natural en un vaso de vidrio (y no de plástico desechable cargado de toxinas). Les invito a relajarse y también a escuchar un relato que les mostrará cómo podemos hacer cambios y renovar una industria que durante mucho tiempo ha estado demasiado adaptada al uso de metales y toxinas, y que está lista para entrar en una nueva época. Esta transformación tiene una lista larga de beneficios, los cuales extienden desde la salud de los pacientes hasta mejores condiciones ambientales e incluso oportunidades de ahorro para los consultorios de los odontólogos.

Mientras pasamos el tiempo en mi jardín, les diré que sí, estas experiencias por las que pasé hace varios años hicieron que mi salud se deteriorara y eventualmente me motivaron a una pequeña "pausa" en mi práctica y a investigar. Los hechos también sirvieron como un abrir de ojos y me hicieron hacer cambios en mi propia vida como en mi profesión. Tomé un tiempo para investigar cómo se relacionan la odontología, la salud y el medio ambiente. Lo que encontré fue sorprendente, innovador y motivador de una manera que no había sentido antes.

En este libro, compartiré mis descubrimientos en forma detallada para analizar los obstáculos y las oportunidades que existen en la odontología actual. Les mostraré odontólogos que son pioneros en su profesión, que han creado consultorios ecológicos y han notado beneficios como resultado de estos ajustes. También explicaré cómo se relacionan el bienestar de la boca y del cuerpo, y cómo también podrán cambiar la odontología para bien, paso a paso.

En las páginas siguientes, encontrarán un camino hacia una odontología más ecológica, más sostenible y más biológica, que conduce a una mejor salud del paciente, un mejor bienestar para todos y un planeta más brillante y próspero. Un comienzo a un bello futuro.

# CAPÍTULO 1

# EL CÍRCULO COMPLETO

*Pensadores innovadores y valientes están transformando y renovando la práctica convencional de la odontología.*

—Nadine Artemis, autora de *Holistic Dental Care: The Complete Guide to Healthy Teeth and Gums*

ólido, majestuoso y hermoso".

Si Ud. hubiera visitado el Pico Humboldt en la década de los 1990, tal vez hubiera usado esas palabras para describir su glaciar. El Pico Humboldt es el segundo pico más alto de los Andes venezolanos y es donde reside el glaciar Humboldt, el único glaciar en todo el país. "Hace treinta años, el hielo parecía fuerte", comentó Maximiliano Bezada, quien es profesor de geología y hace poco realizó un estudio sobre el glaciar.[2]

Sin embargo, en los últimos años, el diálogo acerca del glaciar único en Venezuela ha cambiado. El glaciar Humbolt "parece enfermo", dice Bezada.

La descripción de Bezada como "enfermo" se extiende más allá de los fragmentos del hielo y de la nieve que están en lucha para sobrevivir en una montaña solitaria en América del Sur. Su observación, en efecto, señala la condición que están experimentando en muchos lugares de nuestro planeta. La deforestación, los problemas de los desechos y los niveles crecientes de toxicidad han impactado nuestro mundo tal como lo conocemos, y no hay vuelta atrás.

El pronóstico actual para el glaciar Humboldt es que probablemente desaparezca por completo en un futuro próximo debido al aumento de las temperaturas a nivel global. Mientras miramos alrededor de nuestro mundo, no es solo el Pico Humboldt y su hielo desvaneciendo que amerita nuestras condolencias. Hay ríos llenos de basura, nubes llenas de contaminación que bloquean la vista, pequeños pedazos de plástico que son consumidos por animales y personas, sustancias químicas que se filtran en nuestros cuerpos; la lista sin fin continúa. Aunque por cierto afirmo y coincido con los otros expertos que dicen que el glaciar Humboldt está enfermo, agregaría que se puede usar el concepto de "enfermo" para explicar lo que estamos enfrentado hoy día en términos de nuestro suelo, aire y vidas en general.

Así como el precioso monte de nieve en Venezuela no se ha derretido en un día, nuestros otros recursos terrestres no se evaporan de la noche a la mañana. Sin embargo, el derretimiento es una señal —una luz roja, por decir— de lo que nos espera. Los glaciares desaparecen, los recursos se acaban, las tierras fértiles se secan, las condiciones saludables se deterioran y dejan preguntándonos, ¿qué sigue?

La palabra "siguiente" es precisamente lo que trata este libro. Si bien no sé qué pasará en el futuro para el glaciar Humboldt, he encontrado las claves para desbloquear una nueva visión para nuestro mundo, y específicamente, para el campo de la odontología. Este nuevo camino llega más allá de la boca y la silla del paciente y profundiza en nuestras prácticas, nuestros vecindarios, nuestras comunidades y nuestro sustento en la Tierra.

Sugiero que podamos construir clínicas y vidas sostenibles que beneficien a nuestros pacientes, nuestro propio bienestar e incluso lugares como el Pico Humboldt. A medida que buscamos crear una base para una generación futura que realmente pueda sobrevivir y prosperar en este lugar, también necesitamos comprender cómo la odontología está entretejida con los tejidos actuales de nuestras vidas.

Todo comienza con la comprensión de lo que realmente significa el término "la sostenibilidad" y cómo se aplica a la odontología como una industria. También veremos el papel de la odontología en los plásticos y los desechos, junto con los problemas del mercurio que nuestra profesión está enfrentando en la práctica. Después de explorar estos temas, tendremos un mejor entendimiento de dónde se encuentra la odontología en términos de la condición de nuestro planeta hoy, y cómo puede prepararse para un mañana efectivo, económicamente sólido y también ecológico.

## Una vista del desarrollo sostenible

Cuando hablamos de la sostenibilidad, nos referimos al uso racional de los recursos naturales de tal manera que promueva una continuidad e incluso una mejora en el medio ambiente. En nuestra propia vida, esto incluye la idea de realizar actividades con una actitud de "mantenimiento". En otras palabras, adoptar un enfoque que permita que las condiciones actuales continúen y, si es posible, incluso mejoren.

El desarrollo sostenible, entonces, toma este concepto de sostenibilidad y lo aplica a industrias y profesiones. En cuanto a la odontología, el desarrollo sostenible se basa en tres pilares principales: el medio ambiente, la economía y la sociedad.[3] Tomar medidas para mejorar la salud de nuestros pacientes y su entorno puede fomentar un impacto positivo en el medio ambiente, generar ahorros de costos dentro de la práctica odontológica y ayudar a mantener una vida saludable en la comunidad.

Es especialmente prevalente y digno de mencionar este aspecto último de la salud. En un nivel global, la mayoría de los acuerdos ambientales internacionales citan las amenazas a la salud como una preocupación principal. Por ejemplo, en la Agenda 2030 para el desarrollo sostenible, se destaca una misión hacia el bienestar global. Su objetivo es lograr el desarrollo sostenible en todo el mundo para el 2030. La Asamblea General de la Organización de las Naciones Unidas (ONU) adoptó estas resoluciones por primera vez en 2015. Todos los países participantes e interesados, actuando en colaboración, están poniendo en práctica este plan.[4]

## MÁS INFORMACIÓN SOBRE LOS ESFUERZOS GLOBALES HACIA LA SOSTENIBILIDAD

Visite estos sitios para profundizar su comprensión de la sostenibilidad en todo el mundo:

- Convención Marco de las Naciones Unidas sobre el Cambio Climático: unfccc.int/process-and-meetings/the-convention/what-is-the-united-nations-framework-convention-on-climate-change

- El Acuerdo de París: unfccc.int/process-and-meetings/the-paris-agreement/the-paris-agreement

- Convenio sobre la Diversidad Biológica: www.cbd.int/

- Programa de las Naciones Unidas para el Desarrollo: www.undp.org

De alguna manera, este giro hacia la sostenibilidad se encuentra en sus primeras formas; sin embargo, los campos de la salud, en particular, se están aferrando a la preocupación por el impacto que están creando para el medio ambiente. El Servicio Nacional de Salud (NHS) del Reino Unido ha comprometido recursos para perseguir una estrategia de sostenibilidad a largo plazo que incluye responsabilidad y revisiones continuas.[5]

Tomando este embudo global de gran alcance y reduciéndolo al campo de la odontología, es fácil ver de un vistazo cómo se aplica el desarrollo sostenible. Consta de la cadena de suministro de la industria odontológica. Como tal, incorpora fabricantes, distribuidores, odontólogos, profesionales dentales, equipos dentales y técnicas de equipos dentales, pacientes, recolectores de desechos y procesos de eliminación de desechos.

## ODONTOLOGÍA SOSTENIBLE DE UN VISTAZO

Según la Federación Dental Mundial,

- Siempre que sea posible, la odontología debe reducir el consumo de energía, agua, papel y cualquier material que pueda ser nocivo para el medio ambiente, así como las emisiones al aire y al agua.

- Los odontólogos deben tomar en cuenta el medio ambiente al decidir si utilizar un producto de un solo uso, desechable o reutilizable, sin comprometer la seguridad del paciente y la calidad de la atención, en consulta con los organismos reguladores y las políticas de salud gubernamentales.

- La industria odontológica debe aplicar principios de sostenibilidad a los ciclos de vida de los productos dentales.

- Se debe alentar a los fabricantes dentales a desarrollar materiales y tecnologías dentales más sostenibles y utilizar materiales que sean biodegradables y/o reciclables siempre que sea posible. [6]

## El círculo de plástico

Tómese un momento y mire a su alrededor. ¿Cuántas cosas están hechas de plástico? Si responde que hay una cantidad innumerable para describir lo que ve, está en el mundo de hoy. La verdad es que nuestra sociedad está completamente acostumbrada al plástico. De hecho, ¿se puede imaginar vivir sin él? ¡Muchos dirían que un mundo sin plástico sería absurdo!

Nos hemos convertido en una sociedad plástica y en realidad, hasta cierto punto el plástico trae una larga lista de beneficios. Durante años, ha sido una auténtica maravilla en el campo médico y ha dado lugar a dispositivos y procesos que han avanzado enormemente en el uso de la medicina y han mejorado la atención de la salud. Se ha desarrollado en un sinfín de productos y la industria odontológica, junto con cada otra industria, ha adoptado por completo muchos de ellos.

A pesar de estas ventajas, el plástico tiene un inconveniente que debemos reconocer. Hemos desarrollado una mentalidad que trata al plástico como una solución única. Somos rápidos en usarlo e incluso más rápido en tirarlo.

*El plástico ha revolucionado la odontología, pero la producción en masa ha llevado al uso masivo y al desperdicio masivo.*

Ahora el plástico no solo se usa a diario; se está infiltrando más en nuestras vidas que habíamos anticipado. Se está llegando a nuestros cuerpos y hasta adentro de nuestros sistemas circulatorios, ¡incluso cuando no lo queremos! Esto está sucediendo a través de lo que se conoce como círculo de plástico.

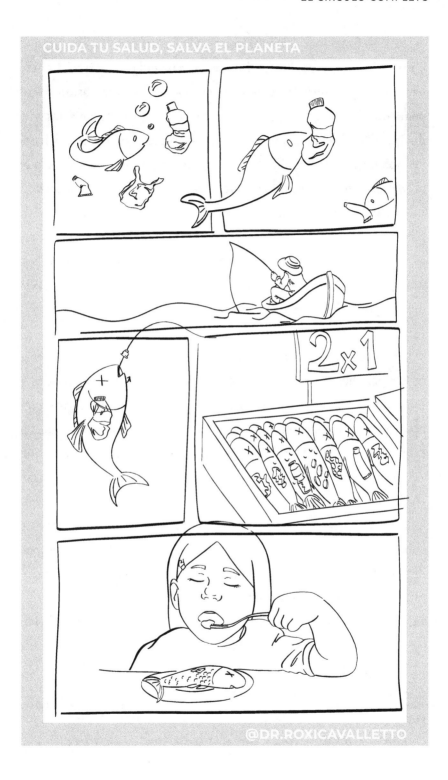

Así se funciona: la mayor parte de la basura plástica que tiramos termina en los vertederos, donde las partículas se descomponen lentamente y se mezclan con los componentes de otra basura. Estos pequeños pedazos pueden filtrarse en el suelo y llegar a las vías fluviales, donde eventualmente se extienden a los ríos, los lagos y hasta los océanos. Como resultado, el plástico en forma microscópica se propaga por todo el mundo y contamina todos los lugares que invade.

Piense en un pez nadando en el océano. El pez ve un poco de plástico y se lo come; o quizás el pez consume plantas u otros alimentos que tienen rastros de plástico microscópico en ellos. Un pescador llega y atrapa el pez, lo lleva al mercado y lo vende. El consumidor (es decir, usted y yo) viaja al mercado, compra el pescado y se lo come, ¡junto con el plástico!

Una vez dentro de nuestros cuerpos, el plástico pasa oficialmente de ser beneficioso para nosotros (que era cuando lo compramos y usamos por primera vez) y se vuelve destructivo. En su conjunto, los plásticos contienen sustancias químicas peligrosas que pueden afectar la salud de nosotros y de las especies marinas. Un ejemplo muy común es el del bisphenol A (BPA). Estos materiales tóxicos que se encuentran en él, algunos productos de plástico, pueden dañar la vida marina que los consume. Las tortugas pueden ahogarse con bolsas de plástico confundiéndolas con medusas además de que los peces los consumen también. Para las personas en particular, hoy día se ha encontrado que muchos productos utilizados y también hechos de plástico presentan sustancias químicas que tienen impactos negativos en la salud. Por ejemplo, cuando tomamos agua de una botella de plástico, fácilmente podemos estar incorporando la liberación de esta sustancia química, que es la BPA, a nuestro cuerpo y el funcionamiento saludable del cuerpo humano que depende de "acciones coordinadas" de una red equilibrada de hormonas, con una concentración correcta y con sincronía entre sí, se interrumpe al entrar el BPA en nuestro cuerpo. Esta sustancia es una de los "disruptores endocrinos", y además se ha relacionado con el desarrollo del esmalte en los bebés. [7]

## EL DAÑO PLÁSTICO

- Aproximadamente el 90% del plástico en el medio marino consiste en microplásticos. [8]

- Los plásticos pueden desempeñar un papel en la transferencia de productos químicos a ciertos organismos marinos. [9]

- Se ha informado de que casi 1 000 sustancias químicas tienen efectos endocrinos. Además, cada año entran en el mercado nuevos productos químicos y la gran mayoría se desarrolla con pruebas toxicológicas deficientes o inadecuadas para la detección de posibles trastornos endocrinos. [10]

- Cada persona come miles de piezas de plástico cada año: estos microplásticos están por todas partes, incluso dentro de nosotros. [11]

El círculo del plástico, por otro lado, no es un ciclo feliz y circulante. La idea de que los plásticos se fabrican, se envían a los distribuidores, los individuos los compran y los usan, y luego desechan, finalmente desembocan en los océanos, se pescan y luego se consumen, está lejos de ser saludable. Como seres humanos, estamos creando procesos y ciclos que amenazan nuestros propios medios de vida.

*El ciclo de los residuos plásticos comienza con las personas; vuelve a afectar al planeta, la vida marina y finalmente, las mismas personas.*

Llevando esto una vez más a un enfoque más estrecho cuando miramos a la odontología, vale la pena hacer una pausa y reflexionar sobre la cantidad de plástico que usamos actualmente. Como mencioné anteriormente, puede parecer abrumador, o poco realista, pensar en una vida y una práctica odontológica sin plástico. Después de todo, los productos de un solo uso dominan la escena y, en muchos sentidos, su propósito es válido: un solo uso promueve un procedimiento higiénico, libre de infecciones y reduce los riesgos para el paciente. Dicho esto, están surgiendo productos que pueden ayudarnos a alejarnos de algunos de estos plásticos de un solo uso y al mismo tiempo mantener altos estándares de esterilización. Las bolsas biodegradables, por ejemplo, podrían reemplazar las bolsas de plástico de un solo uso que no son biodegradables.

Además, les invito a pensar más allá de lo básico y explorar nuevos proveedores emergentes con mentalidad ecológica. Los fabricantes que crean productos ecológicos y respetuosos con el medio ambiente pueden tener un lugar en la práctica odontológica, proporcionar suministros a una universidad o reemplazar los plásticos tóxicos que se utilizan a diario en una cadena de clínicas odontológicas. Si nos adelantamos un paso más allá, incluso podemos pensar en extraer recursos naturales de lugares inesperados para crear productos dentales. Imagínese por un momento: ¿podría la caña de azúcar de los campos en Venezuela convertirse en un producto adecuado que los profesionales odontólogos podrían utilizar de manera sostenible? Cuando se trata de sostenibilidad, las posibilidades son vastas, emocionantes y con un potencial extenso.

**PLÁSTICO APILADO**

- Cada año se producen más de 300 millones de toneladas de plásticos, y ese número está aumentando.[12] Para el 2050 habrá alrededor de doce mil millones de toneladas de basura plástica en los vertederos y el medio ambiente natural.[13]

- En las playas del Caribe, las botellas de bebidas de plástico representan el 21% de los elementos registrados. De todos los objetos de plásticos recogidos, el 35% eran plásticos descartables.[14]

- Las instituciones de salud de los Estados Unidos generan alrededor de 14 000 toneladas de desechos al día; el 25% de los residuos son de plástico.[15]

- Cada año, las prácticas odontológicas generan 680 millones de barreras para sillas, fundas para manijas y baberos para pacientes.[16]

- La industria odontológica genera 1,7 mil millones de bolsas de esterilización anualmente.[17]

## Un movimiento para dejar el mercurio

Las amalgamas dentales generalmente consisten en una combinación de mercurio, cobre, plata y, a veces, zinc. El mercurio domina y constituye aproximadamente el 50% de la mayoría de las amalgamas.

En su tiempo, las amalgamas cumplieron su propósito. Tenían una función restauradora y permitían a los pacientes conservar la funcionalidad de los dientes. Los odontólogos de todo el mundo las utilizaban con regularidad en sus consultorios y se convirtieron en un tratamiento estándar que la mayoría de los pacientes esperaban cuando entraban por la puerta del odontólogo.

Ese tiempo, sin embargo, ha terminado. En la década de 1980, Hal Huggins descubrió el otro lado más oscuro del mercurio: afectaba la salud de sus pacientes. Durante las décadas siguientes, se supo que el mercurio es una neurotoxina que se propaga en forma de vapor invisible durante los procedimientos. También puede ser peligroso en estado líquido. Tanto en forma líquida como de vapor, el 80% del mercurio se absorbe en los pulmones y puede extenderse por todo el cuerpo. Puede atravesar la barrera hematoencefálica e incluso llegar a los intestinos.[18]

Cuando se trabaja con empastes de amalgama, el mercurio incorporado, elemental, también puede extenderse al aire cuando se colocan o se quitan. Dado esto, el mercurio es potencialmente dañino para los pacientes durante los procedimientos. Una vez que regresan a casa, con sus empastes de metal en su lugar, continúan en riesgo. Los pacientes pueden estar expuestos al vapor de mercurio cuando mascan chicle, beben una bebida caliente o incluso si no hacen nada. Eso es porque durante los primeros cinco años después de recibir un empaste, hay una pérdida significativa de mercurio de los empastes colocados en la boca del paciente.[19] Las madres que tenían empastes de amalgama dental durante el embarazo tenían niveles de mercurio significativamente más altos que las madres que no tenían empastes de amalgama dental. La exposición prenatal al mercurio se asocia con un mayor riesgo de TDAH (comportamiento de trastorno por déficit de atención e hiperactividad). En pocas palabras, tener mercurio en los dientes es un gran riesgo para la salud.

La odontología actual ofrece diferentes opciones en lugar de colocar un empaste de amalgama de mercurio en un diente. En realidad, es completamente normal que los dentistas no coloquen más empastes de amalgama desde hace un tiempo. Es "extraño" un dentista en el 2021, seguir trabajando con ellos. Pero todavía estamos relacionados con sus riesgos para la salud.

Por supuesto, los dentistas y los profesionales dentales que trabajan con mercurio corren un riesgo aún mayor.[20] Durante los procedimientos, el mercurio puede ser absorbido por la piel o inhalado, exponiéndolos a niveles aún más altos de mercurio. Estos altos niveles de mercurio se han medido en sangre, orina, heces, uñas, cabello y órganos.[21] Las mujeres embarazadas y sus bebés son especialmente sensibles a estos efectos negativos. En un estudio, el personal dental embarazada sufrió mayores probabilidades de desarrollar un aborto espontáneo, preeclampsia y dar a luz a bebés más pequeños para la edad gestacional.[22] Pero incluso con niveles crónicamente bajos de mercurio, el personal dental podría presentar efectos neuroconductuales por interrupción en la homeostasis del metal en enfermedades neurodegenerativas, como la enfermedad de Alzheimer y los trastornos del estado de ánimo.[23]

Experimenté la exposición a la inhalación de vapores de mercurio elemental mientras trabajaba en el sistema de salud dental de un hospital. Dada mi área de especialización en restauración, pasé una buena parte de mis horas de trabajo quitando mercurio de las amalgamas restaurando dientes enfermos y reemplazándolos por resina compuesta o restauraciones cerámicas como la tecnología CAD / CAM. Cuando veía a un paciente, normalmente retiraba entre dos y cuatro empastes metálicos. Trataba de ocho a diez o más pacientes al día y trabajaba seis días a la semana incluso más. Mantuve este ritmo durante 36 meses.

Recuerdo vívidamente que durante este tiempo, algo estaba mal con mi salud. Mientras trabajaba como profesional de la salud, también iba a mis citas médicas. No pude encontrar una solución y los síntomas persistieron. Recuerdo un día cuando estaba sentada en el sillón dental preparándome para comenzar un procedimiento con un paciente. Tuve una sensación inusual de náuseas y desequilibrio. Este síntoma en particular se repitió una y otra vez, cuando vi a otros pacientes y les quité los empastes llenos de mercurio. Tenía temblores

ocasionales en mis manos y fatiga mental continua; Ligero alarga-
miento de la tiroides, también sufría de problemas de estómago y
dolor abdominal e intensa dismenorrea. En relación con las náuseas
y el desequilibrio, en ese tiempo me diagnosticaron vértigo. Incluso
si estaba recibiendo recetas de los médicos y mi vértigo había desa-
parecido, mas aun, seguía sintiéndome con una salud desequilibrada.
Mucho más tarde, llevé a cabo mi propio estudio personal sobre el
mercurio. Me di cuenta de que no es raro que aquellos en nuestra
profesión muestren síntomas de intoxicación por mercurio.[24] La
exposición al mercurio puede exceder el rango normal durante los
procedimientos dentales que implican perforar empastes de amalgama
si no se toman precauciones especiales. Los rangos de las concentraciones de mercurio en las muestras de sangre de los dentistas son
más altas que las de los asistentes dentales.[25] Los dentistas tienen un
mayor riesgo de síntomas neuropsicológicos, musculares, respirato-
rios, cardiovasculares y dérmicos, y el personal dental puede tener
niveles más altos de mercurio en el cabello y las uñas, pero el personal
dental debe estar informado sobre la liberación de mercurio de la
amalgama a través de la exposición directa.[26] Afecta negativamente
al sistema reproductivo de la mujer. Las mujeres que están expuestas
a la inhalación de vapores de mercurio pueden sufrir desequilibrios
hormonales y trastornos reproductivos. En un estudio que analizó la
relación entre la exposición a la inhalación de vapor de mercurio y la
salud menstrual, la prevalencia del dolor abdominal y la dismenorrea fue significativamente mayor entre las mujeres que habían estado
expuestas al mercurio durante su trabajo. La exposición ocupacional a
la inhalación de vapor de mercurio se asocia con cambios menstruales
en las mujeres, incluido un aumento de la dismenorrea.[27]

Podríamos minimizar la perforación, la formación de partículas
y la generación de vapores de mercurio, pero esto no es suficiente

para proteger a los trabajadores y pacientes dentales de los vapores de mercurio. Por supuesto, si no utilizamos la ingeniería de los equipos diseñados necesarios para este propósito, aumentará drásticamente esta forma de mercurio en el espacio interior del consultorio. Es importante tomar en consideración que los trabajadores dentales parecen sufrir efectos en la salud relacionados con el mercurio incluso cuando no se superan los umbrales de seguridad. Se deben tomar precauciones especiales junto con el protocolo estándar para minimizar la exposición al mercurio.[28] Si no están en su lugar, los vapores de mercurio pueden elevarse y poner en peligro la salud.

El límite máximo absoluto de vapores de mercurio que no debe superarse en ningún momento es de 125,0 μg / m3. La utilización de la ingeniería de los equipos diseñados dentro del espacio interior del consultorio, son necesarios para minimizar los vapores de mercurio localizado; estos, pueden estar presente durante horas después de la perforación dental en la amalgama. La reciente literatura hace referencia que las metodologías estándares para la evaluación de la exposición ocupacional al mercurio parecen ser inadecuadas al evaluar la exposición al mercurio durante la remoción de la amalgama.[29]

Debido a esto, se deben implementar las recomendaciones adicionales tomadas por la IAOMT para reducir el riesgo de exposición al mercurio en los trabajadores y los pacientes dentales. Esto, deberá hacerse en conjunto con la utilización de protocolos estrictos establecidos con este propósito.

La buena noticia es que, si bien el mercurio conlleva grandes riesgos, no tenemos que someter a nuestros pacientes ni a nosotros mismos a su exposición y efectos dañinos. Ahora tenemos acceso a un protocolo que estandarizará en su clínica dental la protección de la salud frente a esta neurotoxina. Lo más biocompatible que tenemos en el mercado fue en cómo reemplazar los empastes de mercurio. Muchos de estos materiales son más biocompatibles, lo que los convierte en una opción más segura y saludable para nuestros pacientes. Por ejemplo, en el mercado actual, existen composites biocompatibles selectivos, sin TEGMA (Dimetacrilato de Trietilenglicol).

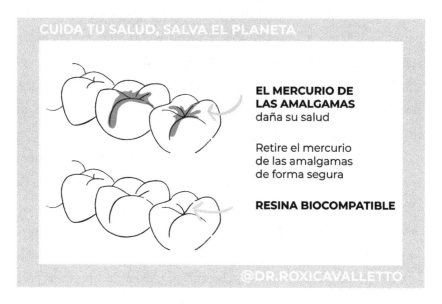

Al utilizar estos biomateriales restauradores, también se podrían realizar pruebas biocompatibles. Estos muestran si el composite utilizado se adapta mejor al paciente en comparación con otros materiales. Después de las pruebas, el dentista puede determinar qué composites son más biocompatibles con el paciente.

Para los pacientes que ya tienen mercurio en boca y otros metales en la boca, las cosas podrían empeorar si no se realizan cambios. Por ejemplo, la liberación de partículas metálicas podría provocar una inflamación silenciosa en la mandíbula. Con el tiempo, estos problemas pueden convertirse en alteraciones de salud más graves. Es aquí donde pioneros de la odontología de renombre mundial ya han dado algunos de los primeros pasos en este nuevo enfoque de la odontología. (la odontología biológica). Esto incluye una mentalidad dental que busca la forma más segura y menos tóxica de lograr los objetivos de la odontología moderna y la atención médica contemporánea. Abarca un enfoque de eliminación "sin mercurio" y seguro, que protege a los pacientes y al personal de los riesgos asociados con las restauraciones de amalgama de mercurio. También conduce al uso de materiales más biocompatibles, así como a pruebas de sensibilidad y alergia a materiales dentales como las resinas compuestas. La curiosidad puede llevarlo a investigar más a fondo estos asuntos. Los invito a leer sobre la formación de la Academia Internacional de Medicina Oral y Toxicología en www.ioamt.com. Hay algunos dentistas biológicos en todo el mundo como el Dr. Miguel Stanley y también hay libros muy informativos escritos por dentistas biológicos. Busque especialmente los escritos por el Dr. Weston Price, el Dr. Steven Lin y el Dr. Ramiel Nagel.

## LA GLORIA DEL MERCURIO SE DESVANECE

Hace más de sesenta años, una planta química en Japón arrojó desechos con altos niveles de mercurio en la bahía de Minamata. En mayo de 1956, cuatro pacientes de Minamata ingresaron en el hospital con síntomas graves, como fiebre, convulsiones, psicosis, pérdida del conocimiento y coma. Finalmente murieron. ¿La causa? Envenenamiento por mercurio. Otros pacientes llegaron poco después; en total, 900 personas murieron y más de 2 000 fueron diagnosticadas con intoxicación por mercurio.[30]

A la luz de ese evento, en 2013 se creó el Convenio de Minamata sobre el Mercurio. Como tratado internacional, tiene como objetivo reducir y eliminar el uso de mercurio en todo el mundo. Para la profesión odontológica, esto incluye una reducción gradual del uso de amalgamas dentales.[31]

El evento fue quizás un llamado a la acción sobre un problema que se había estado gestando durante algún tiempo. Por muchos años, las personas han estado cada vez más expuestas al mercurio, a menudo a través del fluoruro de mercurio en el agua que beben. Esta exposición también puede ocurrir a través de pastas dentales y geles.[32]

En los últimos años, la investigación ha indicado elevadas emisiones de mercurio en los tejidos de humanos fallecidos y cremados con amalgamas dentales. Estos ingresan al suelo y al medio ambiente. Al tener en cuenta los costes medioambientales, la amalgama es el material dental más caro.[33]

Así como hemos visto que los problemas de nuestro planeta hoy nos afectan a todos, es igualmente cierto que todos podemos desempeñar un papel en el esfuerzo por buscar soluciones. En el Pico Humboldt, el glaciar Humboldt puede servir como una señal de advertencia del posible deterioro en nuestras manos. Al mismo tiempo, los líderes mundiales, las organizaciones, los gobiernos, las empresas y las personas están todos de pie, listos para cumplir con la tarea que tienen entre manos. La promoción de un medio ambiente sostenible incluye un enfoque en las personas y la sociedad en su conjunto.

Para el mundo de los odontólogos, esto incluye adoptar una nueva mentalidad. Abarca una mirada a los plásticos que utilizamos hoy en día y considera cómo podrían reducirse o reemplazarse con mejores artículos ecológicos. Cubre una conversación sobre el mercurio y el valor de dedicar tiempo a repensar cómo se pueden manejar las amalgamas. Eliminar el mercurio peligroso y cargado de tóxicos y poner opciones más seguras es un buen comienzo. Veremos qué más se puede hacer para mejorar nuestros entornos en el próximo capítulo.

*Los profesionales de la odontología tienen la responsabilidad de conservar los recursos naturales y eliminar y reducir los desechos tóxicos de sus prácticas que podrían dañar la salud humana y el medio ambiente.*

—G. Saraswathy, A. Sujatha y M.B. Aswath Narayanan [34]

## Preguntas para la autorreflexión

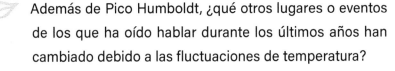 Además de Pico Humboldt, ¿qué otros lugares o eventos de los que ha oído hablar durante los últimos años han cambiado debido a las fluctuaciones de temperatura?

¿Alguna vez ha estado en una situación en la que sintió que su salud se veía afectada por el entorno circundante? Si es así, ¿cómo afectó la contaminación o los efectos en su capacidad para desempeñarse en el trabajo o realizar las actividades diarias?

¿Conoce los problemas ambientales, como la contaminación por plásticos o los niveles de mercurio, en su ciudad o país?

En los próximos años y décadas, ¿qué cambios prevé en el entorno que podrían alterar nuestra forma de trabajar y vivir?

CAPÍTULO 2

# REDUCIENDO LA HUELLA DE CARBONO

*Estamos comenzando con nuestra propia huella de carbono... Podemos hacer algo que sea único, diferente de cualquier otra empresa. Podemos dar el ejemplo.*

—Rupert Murdoch, editor de periódicos y empresario de medios

A medida que COVID-19 se extendía por todo el mundo durante el año 2020, se notaba su impacto en la vida diaria en los países. Cuando la pandemia llegó a ellos, muchas familias se quedaron en casa y viajaron menos. Las rutinas de los equipos de trabajo cambiaron: en lugar de ir a la oficina todos los días, se pusieron a trabajar desde casa. Los sistemas educativos se transformaron cuando empezaron a dar clases en línea todos los días. Las empresas reemplazaron las reuniones en persona con sesiones de videoconferencia. Las instituciones médicas se esforzaron para usar estrategias sin contacto, para tratar a pacientes en circunstancias que no requerían una visita en persona.

Curiosamente, esta reducción de la movilidad tuvo que desempeñar papel importante en el ámbito de las emisiones de carbono. Después de aumentar de manera constante durante años, las emisiones globales de dióxido de carbono se redujeron en un 6,4% durante 2020.[35] La disminución representa aproximadamente el doble de las emisiones anuales de Japón.

Aunque la tendencia en la disminución de las emisiones de carbono iba en el sentido positivo, la tasa de disminución a nivel global, no se mantuvo. A medida que la pandemia seguía su curso descendente en algunos países y la actividad económica se recuperaba, las emisiones de dióxido de carbono volvían a aumentar.[36] Para los inicios del 2021, se indicaban que las emisiones iban a regresar al nivel parecido al del periodo antes de la pandemia.[37]

## LAS EMISIONES SE RECUPERAN

Después de una fuerte caída al comienzo de la pandemia, las emisiones globales de CO2 aumentaron a medida que la actividad económica mundial se recuperó en 2020. Esta tendencia continuó a pesar de que algunos países establecieron nuevas restricciones debido a que las infecciones por coronavirus se dispararon.

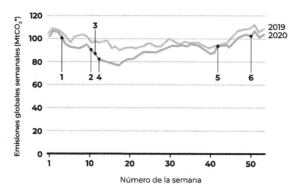

1. China impone bloqueo a Wuhan, donde se detectó por primera vez el coronavirus.
2. Sellado por COVID, Italia emite un cierre nacional.
3. California se convierte en el primer estado de EE. UU. En imponer un bloqueo.
4. India comienza su primer bloqueo a nivel nacional.
5. A medida que Europa supera las 100 000 nuevas infecciones diarias, los países anuncian una nueva ola de restricciones.
6. California impone un bloqueo de tres semanas después de registrar su total diario más alto de nuevas infecciones.
* Dióxido de carbono megatoneladas.

Source: Nature

Basándonos en una perspectiva concerniente a la práctica dental mientras reflexionamos sobre esta tendencia, podríamos preguntarnos: "¿Cuál es, entonces, la solución"? Sin duda, no podemos pedir a nuestros pacientes que se queden en casa y traten las caries por su cuenta. Los procedimientos dentales requieren de interacción entre personas. ¿Deberíamos conformarnos con una realidad que involucre las visitas, los viajes, el uso de equipo y también el espacio de oficina que producen las emisiones?

Las clínicas odontológicas pueden desempeñar su propio y su único papel en este esfuerzo mundial por reducir las emisiones. Comenzar por comprender específicamente cómo las emisiones de carbono están vinculadas a la odontología. Conociendo eso, se pueden hacer cambios para medir y reducir esas emisiones. Si bien estos son pasos importantes, no nos detendremos allí. También consideraremos cómo la reducción de las emisiones de carbono puede reducir los costos. De hecho, al disminuir nuestra marca de carbono, podemos hacer más que dar ejemplo y promover la sostenibilidad; podemos construir mejores prácticas generadoras de ingresos. Vamos a sumergirnos.

## La huella de carbono y la practica odontológica

Cuando hablamos de emisiones de carbono, puede ser útil definir qué significa el término y cómo se relaciona con el campo de la odontología. Las emisiones de carbono se refieren al carbono que se libera a la atmósfera, lo que a menudo ocurre mediante la quema de combustibles fósiles como son el carbón, el gas natural y el petróleo.[38] La tala de árboles y bosques también se suma al problema del dióxido de carbono.[39]

Una huella de carbono es una medida del impacto que tienen las actividades humanas en la cantidad de dióxido de carbono producido.

A menudo se expresa en toneladas. Todos los individuos, las organizaciones, las industrias y los países producen huellas de carbono. El uso de esta forma de medición puede ayudarnos a visualizar nuestro impacto y realizar un seguimiento de los cambios que hacemos.

Ante esto, podemos empezar a movernos al campo de la odontología y reconocer su huella de carbono. Por ejemplo, los viajes relacionados con la odontología representan aproximadamente el 60% de la huella de carbono total.[40] Este es un estudio realizado en Inglaterra el cual incluye los viajes que hacen los pacientes para ir a sus citas y regresar a casa. También involucra las distancias que viajan los profesionales dentales en ir a sus trabajos. La energía utilizada en una consulta odontológica (las luces, los equipos, los procedimientos) también contribuyen a su huella de carbono. Un tercer factor incluye los materiales que se utilizan en la práctica odontológica.

*Todas las áreas de la odontología, desde las prácticas privadas individuales hasta las grandes e intrincadas instituciones dentales, producen cierto grade de huella de carbono cada año.*

## Midiendo la huella de carbono de la practica odontológica

Hasta el día de hoy, los consultorios dentales no han seguido un estándar universal para medir su huella de carbono. La primera medición de la huella de carbono que se centró en la odontología se calculó en la ciudad de Fife, ubicada en Escocia, en 2011.[41] En los últimos años, los consultorios individuales y los profesionales dentales han desarrollado sus propias formas de medir y rastrear su huella de carbono a nivel local. En Inglaterra, el (NHS) registra las estadísticas de la huella de carbono. Este sistema de salud pública incluye un segmento dental y, como tal, el NHS mide las huellas de carbono relacionadas con la odontología de salud pública en el país.

## TODO COMIENZA CON NOSOTROS

Quiere saber, ¿Cuál es su propia huella de carbono?

Se puede medir con la Calculadora de Huella de Carbono Individual: https://www.nature.org/en-us/get-involved/how-to-help/carbon-footprint-calculator/ D

## MEDICIÓN CUANTITATIVA Y CUALITATIVA

Si bien no existe una calculadora dental estándar de la huella de carbono, podemos tomar aspectos de la odontología que contribuyen a las emisiones de carbono y medirlos como punto de partida. Por ejemplo, podemos mirar lo siguiente:

- La cantidad de electricidad y gas (kilovatios) que se usa en un consultorio odontológico

- La distancia que recorren los pacientes y los profesionales dentales

- Los materiales comprados y utilizados dentro de una oficina

Dado que todas estas áreas producen emisiones de carbono, verlas colectivamente nos da una base inicial. A medida que se realizan los cambios, podemos medir nuevamente y comparar los resultados con esta base original. Nuestras observaciones nos ayudarán a determinar si los ajustes han reducido nuestra huella de carbono, han permitido que permanezca igual o la han aumentado.

La medición real generalmente se lleva a cabo de dos maneras: un método cuantitativo o un método cualitativo. Si la medición se realiza de manera cuantitativa, usaremos datos reales. Esto puede incluir:

- Seguimiento de la cantidad de electricidad utilizada en un consultorio dental cada mes

- Pedir a los pacientes que compartan sus distancias recorridas

- Requerir que los empleados dentales registren sus viajes diarios

- Hacer un inventario de los materiales utilizados cada mes

En un contexto cualitativo, la medición se centra más en la información que no es específica de los datos. Esto podría consistir en implementar nuevos hábitos o programas como:

- Apagar las luces al salir de un espacio del consultorio

- Promoción activa de menos visitas para tratamientos

- Configuración de una papelera de reciclaje

- Instruir al equipo laboral dental sobre las formas de reducir el papel

Una vez que hemos tomado una consideración inicial de nuestro enfoque, el siguiente paso consiste en crear un sistema que se pueda seguir. Por ejemplo, se puede utilizar una herramienta para realizar un seguimiento de las diferentes áreas relacionadas con las emisiones de carbono. Contratar una empresa que se adapte a este tipo de actividades puede ser otra opción. En Venezuela, por ejemplo, Grupo Ambing brinda servicios sustentables a diferentes segmentos, incluida la odontología. El siguiente cuadro describe algunas de las áreas que Grupo Ambing puede ayudar a medir:

*Fuentes de emisiones más comunes en el inventario de gases de efecto invernadero de un consultorio odontológico.*

| ALCANCE | FUENTE | DATO DE ACTIVIDAD | GEI |
|---|---|---|---|
| Alcance 1. Emisiones directas | Vehículo del consultorio | Consumo de combustibles y lubricantes (l/año) | $CO_2$, $CH_4$ y $N_2O$ |
| | Generador de respaldo | Consumo de combustibles y lubricantes (l/año) | $CO_2$, $CH_4$ y $N_2O$ |
| | Equipos de extinción de incendios | Uso o recarga (kg/año) | $CO_2$, HFCs y PFCs |
| | Equipos de aire acondicionado y refrigeración | Fugas o mantenimiento (kg/año) | HFCs y PFCs |
| | Oxido nitroso medicinal | Uso de oxido nitroso (kg/año) | $N_2O$ |
| Alcance 2. Emisiones indirectas | Energía eléctrica | Consumo de energía eléctrica (kWh/año) | $CO_2e$ |
| Alcance 3. Otras emisiones indirectas | Tratamiento y distribución de agua potable | Consumo de agua potable (l/año) | $CO_2e$ |
| | Disposición final de desechos sólidos comerciales | Generación de desechos sólidos (kg/año) | $Ch_4$ |
| | Disposición final (incineración) de desechos peligrosos infectocontagiosos | Generación de desechos peligrosos infectocontagiosos (kg/año) | $CO_2$, $CH_4$ y $N_2O$ |

| Tratamiento de aguas residuales | Generación de aguas residuales ($m^3$/año) | $CH_4$ |
|---|---|---|
| Viajes a eventos internacionales | Distancia y modo de transporte (km/per) | $CO_2$, $CH_4$ y $N_2O$ |
| Transporte de trabajadores y pacientes | Distancia y modo de transporte (km/per) | $CO_2$, $CH_4$ y $N_2O$ |
| Transporte de carga (materiales y equipos) | Distancia y modo de transporte (km/t/año) | $CO_2$, $CH_4$ y $N_2O$ |
| Papel | Consumo de papel (km/año) | $CO_2e$ |
| Descartables | Consumo de descartables (unidades/año) | $CO_2e$ |

Fuente: Grupo Ambing, C.A.

## SEGUIMIENTO DE RESULTADOS

Independientemente del sistema utilizado, para realmente marcar la diferencia, la clave está en realizar nuevas prácticas y luego tomarse un tiempo para reflexionar sobre los cambios. Estos puntos de pausa pueden tener lugar periódicamente, como cada mes o una vez al año. Durante estas evaluaciones, se pueden hacer comparaciones entre los datos o la información del punto de partida y los datos o información actuales. Los resultados podrían servir como una indicación de que los cambios realizados efectivamente han reducido la huella de carbono. Si este es el caso, podría ser apropiada una decisión de continuar con las nuevas prácticas.

## MEDICIÓN DE LAS EMISIONES DE CARBONO DENTAL EN LA UNIVERSIDAD DE BRISTOL

Durante el año escolar 2014-2015, el departamento de ortodoncia de posgrado de la Universidad de Bristol en Inglaterra llevó a cabo un estudio para medir y rastrear las emisiones relacionadas con la odontología.[42] Para el estudio, cuarenta y dos consultorios dentales realizaron los siguientes cambios:

- Mejor gestión y reciclaje de residuos

- Ahorro de papel imprimiendo por dos lados y reduciendo las fotocopias

- Menor consumo de energía

- Promoción activa de la conciencia ambiental

Luego de implementar estas nuevas tácticas, los lugares informaron:

- Ahorros de energía

- Reducción de emisiones de carbono

- Menores costos operativos

Para medir y rastrear los resultados, los participantes del estudio utilizaron una calculadora de empoderamiento de Carbon Trust. A través de este dispositivo, el progreso se pudo ver de manera detallada y tangible. Por ejemplo, al imprimir en ambas caras del papel (en lugar de solo en una) y apagar las luces y el equipo cuando no están en uso, el estudio informó un ahorro de aproximadamente £11 035 y cincuenta y tres toneladas de carbono. Se enseñaron métodos de reciclaje a 531 personas, lo que podría generar un ahorro estimado de £10 640 en costos relacionados con los recursos durante todo el año.

Si bien el seguimiento de los resultados es admirable, en lo personal yo recomendaría dos acciones adicionales: el establecimiento de objetivos adicionales y las actividades promocionales. Ambos preparan el escenario para que un consultorio odontológico amplíe su impacto. La clínica tiene la oportunidad de seguir "volviéndose ecológica", junto con la oportunidad de crecer como líder en su campo y también extender su lista de clientes.

En primer lugar, podría plantearse la cuestión de si se puede hacer más. Por ejemplo, si redujimos efectivamente nuestro uso de electricidad durante el año anterior, ¿podría reducirse aún más el año siguiente? Si es así, ¿cuál podría ser un objetivo práctico? Quizá podríamos concluir que una meta sería reducir el uso de electricidad en un 5% adicional durante el próximo año.

En segundo lugar, aunque podemos estar entusiasmados con nuestros resultados, aquí existe una verdadera oportunidad de mercadotecnia. Piense en el mundo en el que vivimos, que es cada vez más consciente de términos como emisiones de carbono, huella de carbono, reciclaje, vida ecológica y sostenibilidad. La población también está cada vez más preocupada por problemas globales como el problema del plástico y el ciclo del plástico, junto con los graves peligros relacionados con la naturaleza y los recursos en peligro de extinción, como el caso de Pico Humboldt y el deshielo de su glaciar.

Esto es lo que se propone: aproveche cada oportunidad para aumentar la conciencia entre los pacientes y los pacientes potenciales, junto con la comunidad. Incluir carteles que muestren su éxito en las paredes de su práctica o agregue imágenes a sus logotipos para que el público sepa que está enfocado en reducir su marca de carbono. Tomar videos del personal que comparta sus experiencias. Pedirles que le digan cómo es ser parte de un equipo que trabaja en conjunto para reducir las emisiones. La lista de posibilidades es interminable. El punto es compartir información, porque de esta manera les está haciendo saber a los demás que está desempeñando su papel en la sostenibilidad y que está estableciendo una marca que resuene con una clientela consciente del medio ambiente.

## Repensar los procedimientos dentales

Quizás el aspecto más emocionante de la reducción de las emisiones de carbono en la odontología es que el concepto nos brinda la oportunidad de ser creativos e innovadores. Si quisiéramos, y nos funcionara sin involucrar nuestra calidad en el servicio, podemos pensar más allá de los procedimientos establecidos desde hace mucho tiempo que se consideran la norma y preguntarnos: "¿Y si"? Por ejemplo, ¿qué pasaría si un tratamiento pudiera llevarse a cabo en una visita, en lugar de múltiples visitas? ¿Eso ahorraría tiempo, transporte y energía? ¿Reduciría en última instancia los costes y reduciría la huella de carbono? (¡Sin mencionar que los pacientes serían más felices y satisfechos si no tienen que reservar más días en su calendario para las visitas al odontólogo para finalizar un procedimiento!)

### EL CICLO DE VIDA DE UN TRATAMIENTO DE CONDUCTO

Los tratamientos de conducto generalmente requieren una larga lista de materiales como agua, energía, papel, productos medicinales y dispositivos médicos. Un estudio reciente exploró cómo se podría reelaborar todo este tratamiento para reducir sus emisiones totales de carbono.[43] Evaluó el procedimiento a través de una evaluación del ciclo de vida, que se refiere a comprender el impacto ambiental que genera un producto o proceso.

Para empezar, se estimó que un tratamiento típico de conducto radicular conduce a 4,9 kilogramos de emisiones de carbono, que es aproximadamente lo mismo que un viaje de 30 kilómetros en un automóvil pequeño. Esta cantidad se puede dividir en porcentajes que coincidan con diferentes categorías. Por ejemplo, en un tratamiento de conducto radicular, los siguientes componentes contribuyen a la huella de carbono general:

- 23,5% de la electricidad utilizada durante el procedimiento

- 15,4% de limas endodónticas

- 9% de jabones y detergentes

- 9% de embalaje

- 8% de la preparación de la silla

- 7,6% de alcohol isopropílico

- 7% de baberos desechables

- 5% del sellador del conducto radicular

Desde este punto de partida, se pueden evaluar las ideas para determinar si tendrían un impacto en la reducción de las emisiones de carbono en cada área. Se podrían explorar alternativas para reemplazar la energía impulsada por combustibles fósiles, como la energía eólica o solar. Podría ser posible cambiar el alcohol isopropílico por otros productos como aloe vero o aceites esenciales.

En última instancia, realizar cambios en los procedimientos dentales para reducir nuestra huella de carbono podría tener un efecto acumulativo. Centrarse en productos sostenibles crea un entorno más saludable dentro de la práctica odontológica. Los esfuerzos de reciclaje y el ahorro de energía también pueden mejorar las condiciones fuera de las paredes del consultorio odontológico. Trabajar juntos como equipo para reducir las emisiones de carbono suele ser motivador. La práctica puede mejorar la productividad entre un 3% y un 18% y puede aumentar las ventas en un 40%.[44]

*La odontología como profesión debe integrar los objetivos de desarrollo sostenible en la práctica diaria y apoyar un cambio hacia una economía verde en la búsqueda de una vida sana y el bienestar para todos en todas las etapas de la vida.*

—FDI World Dental Federation[45]

## Preguntas para la autorreflexion

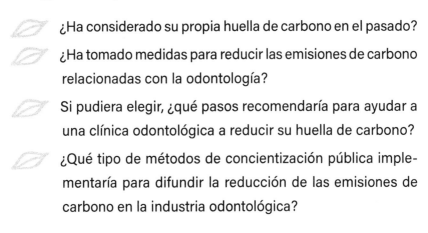

¿Ha considerado su propia huella de carbono en el pasado?

¿Ha tomado medidas para reducir las emisiones de carbono relacionadas con la odontología?

Si pudiera elegir, ¿qué pasos recomendaría para ayudar a una clínica odontológica a reducir su huella de carbono?

¿Qué tipo de métodos de concientización pública implementaría para difundir la reducción de las emisiones de carbono en la industria odontológica?

# CAPÍTULO 3

# MINIMIZAR EL DESPERDICIO EN LA PRACTICA ODONTOLÓGICA

*El desperdicio es peor que la pérdida. Se acerca el momento en que toda persona que se precie de capacidad tendrá constantemente ante sí la cuestión del despilfarro. El alcance del ahorro es sin límite.*

—Thomas A. Edison

vance rápido conmigo varias décadas en el futuro...juntos veremos la escena de un pescador, sentado en su canoa de madera, mientras navega por un río poco profundo en la región amazónica. Su hijo, un niño de diez años, sostiene una caña de pescar. Es el amanecer y, cuando los rayos del sol brillan por primera vez en las aguas ancestrales, el hijo saca su caña de pescar del agua. Está seguro de que ha atrapado algo...

Si, lo ha hecho. El hijo saca, no un pez, sino una bolsa de plástico. Mientras su padre desenreda la línea, descubren que el plástico está envuelto alrededor de otro objeto: un cepillo de dientes.

¿Parece un poco exagerado? Ojalá se pudiera decir que lo es, pero la verdad es que la realidad está más cerca de esta escena futura. Según las Naciones Unidas, el 80% de los desechos que se arrojan hoy a las vías fluviales son de plástico. Si la tendencia continúa, podría haber más plástico, en términos de peso, que peces en el océano para el año 2050.[46] En otras palabras, en unas pocas décadas, los pescadores podrían tener más posibilidades de sacar basura de las aguas de la Tierra que de atrapar la cena.

Sin embargo, observe la palabra "si". No tenemos que aceptar como un hecho que los océanos están destinados a acumularse con montañas de plástico. Ni siquiera tenemos que ser un contribuyente principal a la acumulación de desechos en el océano.

La prestigiada industria odontológica tiene oportunidades para realizar mejoras en términos de reducción de desechos. Si bien muchos actores y famosos en todo el mundo, incluidos gobiernos, organizaciones dentales y fabricantes de plásticos pueden contribuir a los cambios a través de regulaciones y políticas, existe una multitud de estrategias que se pueden implementar a nivel micro. El potencial para mejorar la gestión de residuos es alto y cada consultorio odontológico tiene la oportunidad de marcar la diferencia.

Es por eso que en este capítulo consideraremos primero lo que se quiere decir con "desperdicio" que en lo que respecta a la odontología puede contaminar más hasta de lo que nos podemos imaginar. Luego, pasaremos a evaluar qué se puede hacer para reducir el desperdicio en las clínicas odontológicas. Para cerrar, consideraremos las mejores prácticas que son fáciles de implementar y luego rastrearemos para aumentar los esfuerzos de reciclaje, elegir productos ecológicos y lograr un impacto ambiental global positivo, directamente desde un solo consultorio odontológico.

## ¿Cómo se manifiestan los residuos en la practica odontológica?

Mientras trabajamos arduamente para ayudar a nuestros pacientes a mejorar su salud y bienestar bucales, es fácil para nosotros, como odontólogos, usar grandes cantidades de productos desechables en un corto período de tiempo. Un paciente entra, por ejemplo, y lo que nuestro asistente dental coloca una envoltura o película de plástico en la silla para proteger contra infecciones y mantener las condiciones sanitarias. Cuando el paciente se va, esta se desecha —el proceso se repite y las pilas de basura aumentan de forma lineal.

*Un consultorio odontológico puede llenar un cubo de hasta diez pies por diez pies (aproximadamente tres metros por tres metros) con película plástica cada mes.*[47]

Y eso es solo el comienzo. Si se profundiza más en el problema, se descubre que vemos montones crecientes de desechos. El problema aumenta a medida que reconocemos que la basura no siempre se separa correctamente. Los asuntos comunes de desechos en la práctica odontológica incluyen:

- *Separación inadecuada de desechos orgánicos e inorgánicos*: Los desechos orgánicos consisten en material biodegradable, como restos de comida, cáscaras de frutas, agua del fregadero, cartón y material de embalaje. Los residuos inorgánicos incluyen materiales de oficina como plástico y aluminio.

- *Abundancia de artículos desechables*: Esto incluye productos que se usan una sola vez y se desechan, como guantes de látex, bolsas de plástico, envoltura o película de plástico para la silla dental, protectores para reposacabezas de plástico, cinta adhesiva para manillas y protección de bioseguridad, protectores faciales, mascarillas, batas desechables, gorros desechables, fundas de zapatos desechables, campos desechables, baberos desechables, servilletas y/o pañuelos de papel, vasos de plástico, puntas de succión de plástico, micro-aplicadores, protectores de jeringa triple, jeringas de plástico entre otros utilizados específicamente por procedimiento dental.

- *Incorporación de material tóxico*: Niveles peligrosos de mercurio pueden filtrarse a través de otros materiales de desecho. Lo mismo ocurre con el plomo de los rayos X no digitales, los productos químicos y los desinfectantes.

- *Uso excesivo de energía y agua*: altos niveles de electricidad y agua innecesaria pueden generar facturas elevadas, junto con un aumento en el abuso de recursos.

## ¿SABÍAS QUÉ MEZCLANDO LOS RESIDUOS, INCREMENTA LA CONTAMINACIÓN, LOS DESECHOS Y LOS COSTOS?

Dentro de los residuos hay solidos orgánicos y solidos inorgánicos. Los residuos orgánicos incluyen restos de comida, cascaras de fruta, agua de lavado, cartones de papel y material de embalaje. Los residuos sólidos inorgánicos son los residuos de oficina como el papel, cartón, aluminio y plásticos. Ambos constituyen alrededor del 85% de los residuos generados en la mayoría de los servicios de salud y muchas veces van mezclados con los desechos biomédicos como son los objetos punzantes, artículos desechables usados, y desechos infecciosos como el algodón empapado en sangre y gasas. desechos producidos por la industria de servicios de salud. Estos materiales que son peligrosos representan un 15% de los residuos de los servicios de salud en general.

Si abre una bolsa de basura de una clínica de salud, es posible que encuentre objetos afilados y material insalubre como algodón empapado en sangre y gasa mezclados con la otra basura no peligrosa. Es mucho más difícil clasificar estas bolsas de basura una vez que llegan a los contenedores de basura. Un mejor enfoque: sistemas de clasificación eficientes que faciliten a los empleados de la salud clasificar los desechos antes de sacarlos.[48]

Descuidar la eliminación adecuada de los materiales puede tener un efecto en cascada. Corremos el riesgo de contaminar el planeta con emisiones excesivas de carbono, que luego pueden alterar la calidad del aire que respiramos, las condiciones de nuestra agua y la nutrición de los alimentos que ingerimos. Tirar a la basura sin pensar, entonces, eventualmente puede volver a usarse y alterar nuestras comunidades y la salud en general.[49]

Al recopilar residuos para la incineración, los riesgos para la salud se vuelven especialmente dominantes. Según la UNEP (Naciones Unidas para Protección del Medio Ambiente), entre el 20 y 30% de los desechos de mercurio ingresan al flujo de desechos sólidos. El mercurio, no debe combinarse con otros desechos biomédicos.[50] Si es así, cuando se quema el material, los componentes del mercurio se liberarán a la atmósfera. Los materiales en combustión que no se han separado adecuadamente pueden producir dioxinas, furanos y metales tóxicos.[51]

## AHORRE COSTOS CLASIFICANDO LOS RESIDUOS

En el segmento de la salud, puede costar casi 700 € más por tonelada eliminar el material marcado como desperdicio de riesgo sanitario que el material etiquetado como desperdicio de vertedero. Si el material se considera un riesgo sanitario especial, el coste aumenta aún más: costará unos 1 000 € más que desechar el material etiquetado como residuo de vertedero. Por lo tanto, separar los materiales de riesgo sanitario de los materiales que no son de riesgo puede generar importantes ahorros de costes.[52]

El mercurio presenta consecuencias negativas cuando se desecha por el sistema de drenaje de agua. Poner y quitar el mercurio de las amalgamas de los dientes de un paciente genera pequeñas partículas de desechos de mercurio. Dado que el relleno de mercurio es soluble, este se infiltra en el agua que lo rodea y contamina el sistema de drenaje.[53] Incluso si el mercurio pasa por un sistema de filtrado, que puede eliminar del 40% al 80% de las partículas del agua, las partículas restantes continuarán en el sistema de agua.

*Una investigación en Arabia Saudita descubrió desechos de mercurio en el sistema de alcantarillado de 330 unidades dentales y 155 operadores dentales. El nivel fue de 437,7 mg de mercurio en dos meses, lo que supera ampliamente la asignación máxima de 50 ug /L.* [54]

## Los beneficios ocultos del reciclaje

Así como no clasificar los materiales puede generar costos más altos para eliminar los desechos dentales, adoptar un enfoque de reciclaje puede resultar en "gastos" más bajos. Un consultorio odontológico podría proporcionar un sistema para que sus trabajadores clasifiquen los desechos antes de que lleguen a la papelera. Esta configuración daría lugar a menos bolsas llenas de material peligroso, ya que los desechos no peligrosos se eliminan para la eliminación o reutilización regular de la basura.

*Desde una perspectiva financiera, se puede encontrar dinero en el reciclaje: incorporarlo a la práctica odontológica puede generar un aumento de las ganancias.*

El compostaje está en línea con este pensamiento; si clasificamos el material que se puede volver a poner en el suelo, estamos ahorrando en los costos incurridos por su incineración con material peligroso.[55] Si bien diferentes países pueden tener regulaciones o requisitos específicos para el manejo de desechos peligrosos, también es un concepto universal que elementos como corazones de manzana, restos de pan y cáscaras de huevo se pueden volver a colocar en el suelo.

Es simplemente una cuestión de configurar un proceso dentro de la clínica odontológica. Quizás un asistente con un jardín en casa se ofrezca a tomar los materiales de abono de la oficina y colocarlos en una pila de abono en su jardín. Los consultorios con un área verde en el patio pueden crear una pila de abono dentro de su propiedad. Esto sin dejar pasar la oportunidad de que ese mismo abono de jardín estaría contribuyendo a la biodiversidad urbana y proporcionaría alimentos que provienen de allí. El beneficio de esta disposición entonces es doble: se reducen los costos de eliminación de desechos; además, los miembros del personal y los pacientes reconocen un enfoque ecológico. Imagínese, si en ese jardín se plantan alimentos, el enfoque ecológico seria aún mayor. Todo esto puede ayudar con los esfuerzos de marca para volverse ecológicos.

*El calor está encendido: colocar material que podría convertirse en abono en los contenedores de basura puede producir niveles más altos de gases de efecto invernadero que cualquier tipo de plástico.*

Sería negligente pasar por alto el papel cuando se habla de reciclaje, ya que puede tener un impacto tan grande en los residuos y, a menudo, es más prominente de lo que pensamos. Los productos de papel suelen ocupar el primer lugar en términos de cantidad de desechos de un consultorio odontológico.[56] Se recomienda imaginar la diferencia que podría suponer la clasificación de papel de los desechos peligrosos, junto con la búsqueda de formas de minimizar.

## UN BUEN MOMENTO PARA DECIDIR DE UNA VEZ POR TODAS LO DIGITAL

Ser digital es importante para la odontología sostenible; contribuye con la disminución de generación de huella de carbono, contaminantes tóxicos que se pudiera liberar al medio ambiente y a la vez con la conservación de recursos naturales por ser libres de papel.

Llevando el concepto de reducir y reutilizar el papel un paso más allá, el mundo digital presenta una oportunidad para eliminar cierta cantidad de papel, para siempre. Consideremos lo siguiente:

- Enviar correos electrónicos y mensajes de texto a los pacientes sobre sus citas, en lugar de entregarles una tarjeta o enviarles una notificación

- Usar sistemas electrónicos para recopilar y almacenar información del paciente

- Proporcionar recibos digitales para pagos

- Organizar y llevar a cabo conferencias en línea

Si el papel ocupa el primer lugar en el contenedor de basura, los guantes de nitrilo ocupan un segundo lugar.[57] Curiosamente, estos dos a menudo van de la mano en un consultorio dental. Por lo general, los productos de papel y los guantes de nitrilo se usan una vez durante la consulta con el paciente y luego se desechan. Hoy en día existen muchos guantes de nitrilo en el mercado que son altamente reciclables. Es cuestión de encontrarlos y, después de usarlos, seguir las instrucciones para asegurarse de que terminen en un lugar donde puedan volver a disolverse naturalmente en la tierra. Lo mismo ocurre con las batas. En lugar de usar batas de un solo uso y desecharlas, existen opciones disponibles que se pueden reutilizar o reciclar.

"El empaque de esterilización". Mantener el empaque de esterilización en el ciclo de producción durante el mayor tiempo posible, conserva los recursos, reduce el desperdicio y mitiga los impactos ambientales asociados con la producción, el consumo y la gestión al final de la vida útil. Esto, poco sucede. El tercer artículo que se tira con más frecuencia desde un consultorio dental es el empaque de esterilización[58]. Nuevamente, aquí, el potencial de ahorro es sustancial: si estos se colocan en un contenedor de reciclaje en lugar de en una bolsa de basura central, un consultorio odontológico puede reducir los desechos hasta en cinco kilogramos por semana.[59]

## Poniéndolo en acción: un nuevo enfoque al desperdicio

Al replantearse en un consultorio odontológico al reducir los desechos y promover el reciclaje, con el objetivo de cuidar el medio ambiente y ahorrar costos, se comienza a adoptar una nueva mentalidad dentro de la sostenibilidad. Se debe mirar alrededor de nuestras oficinas con atención a los detalles. Se necesita evaluar las prácticas que se tienen actualmente y preguntar: "¿Existe una mejor manera de hacer esto"?

Desde ese punto de partida, se puede comenzar a implementar nuevas estrategias. Durante este proceso, es fundamental configurar sistemas que sean fáciles de seguir. También se debe capacitar a los miembros del personal y brindarles motivación para seguir adelante con la configuración. Finalmente, es importante utilizar un mecanismo de seguimiento para que podamos monitorear el progreso, hacer los cambios necesarios y alentar a otros a seguir nuestros pasos. Este mecanismo de seguimiento es incorporado mediante la utilización de herramientas digitales que algunas empresas ofrecen para facilitar el proceso.

## UNA CLÍNICA DENTAL DA PEQUEÑOS PASOS PARA REDUCIR LOS DESECHOS A LO GRANDE

Carlos[60] tiene un consultorio odontológico en la ciudad de Caracas, Venezuela. Con su equipo, decide, después de leer este libro, crear una práctica sostenible. Para comenzar el viaje, se pone en contacto con la empresa Multirecicla, que se especializa en los esfuerzos de reciclaje en su país.

Después de reunirse con un representante de Multirecicla, Carlos establece un método de clasificación dentro de su consultorio odontológico. Explica a los miembros del personal que ahora separarán el material en varios contenedores, que estarán ubicados tanto en las áreas de pacientes como de personal. Ordenarán elementos en las siguientes categorías:

- Productos de plástico: Estos irán a los contenedores con una etiqueta amarilla.

- Productos de papel: El material que está hecho únicamente de papel se depositará en contenedores marcados con una etiqueta azul.

- Productos de vidrio: Los artículos que contienen vidrio se colocarán en contenedores con una etiqueta verde.

Además, Carlos y su personal colocan cajas en lugares donde utilizan instrumentos dentales. Al abrir un instrumento esterilizado, colocan la parte de papel del embalaje en un recipiente y los elementos de plástico en otro recipiente. Los asistentes se dan cuenta rápidamente de que esta estrategia conduce a una reducción en la cantidad de envases colocados incorrectamente en los contenedores de basura con materiales peligrosos.[61]

A continuación, Carlos y su equipo instalan un sistema de compostaje. Juntos siguen un cuadro que les ayuda a separar y categorizar los elementos que se pueden colocar de forma segura en el suelo para descomponerlos.

Con el tiempo, Carlos rastrea la cantidad de plástico que usa su consultorio odontológico. También evalúa los métodos de reciclaje que utiliza su personal para ver si el plástico se recicla correctamente y considera si existen oportunidades para reciclar más plástico.[62] Carlos conoce que cada producto y proceso podría tener un impacto en la utilización del agua, por lo que comienza a buscar productos que se puedan reutilizar y que sean biodegradables. Y también investiga si ese material biodegradable realmente ha seguido el proceso de desarrollo basado en un modelo de economía circular que preserve el agua. Verifica los recios con estimaciones sobre su uso y beneficio para su práctica.[63]

Dado que sus esfuerzos de reciclaje han sido tan alentadores para el equipo, Carlos decide dar un paso más y llegar a los pacientes. Su personal proporciona a los pacientes en la sala de espera material educativo y actividades sobre reciclaje. Los pacientes pueden observar objetos hechos con material reciclable y aprender sobre el proceso.[64] Carlos y su personal también promueven productos dentales biodegradables que los pacientes pueden usar en casa, incluidos los cepillos de dientes hechos de bambú[65] ya actualmente en el mercado. Mejor aún, conoce que actualmente existen cepillos de dientes hechos de un material de bioplástico que han demostrado científicamente la disminución de los recursos naturales en su elaboración, y elige comprar y promover estos. El equipo dental utiliza batas reutilizables y explica la importancia de esto a todos los que se encuentran en la oficina. Por ejemplo, dicen, "Debido a que las batas desechables están hechas de polímero de polipropileno, las batas reutilizables son superiores en términos de protección ambiental con una reducción de dos a tres veces en las emisiones de energía, agua, y carbono y una reducción de siete veces en los desechos".

Con miras a reducir el papel, Carlos y su personal convierten la consulta en una oficina digital. Se comunican con los pacientes a través de mensajes de texto, llamadas telefónicas y mensajes de correo electrónico. Usan softwares como Invisalign para ayudar a organizar registros y compartir información, CBCT scan, una variación de los sistemas tradicionales de tomografía computarizada contribuyente a la mejora del diagnóstico y planificación del tratamiento,. entre otros. Cuando necesitan imprimir un documento, utilizan las siguientes pautas:

- Impresión en ambas caras del papel

- Usar fuente pequeña

- Mantener el espacio entre líneas en 1,5

- Minimizar la cantidad de espacios en blanco en la página

- Revisar los documentos antes de imprimirlos para garantizar que se maximice el espacio

- Uso de papel de impresión hecho de material reciclable

- Reciclaje de papel para tomar notas y hacer copias

Carlos trabaja con Grupo Ambing para medir el uso de papel en el consultorio dental y encontrar áreas donde podría minimizarse aún más. También comienza a rastrear otros niveles de emisiones de carbono provenientes de su oficina. Establece metas sobre cómo mejorar para el futuro y reducir aún más la huella de carbono de su oficina.

Mantener la bioseguridad dentro de un consultorio odontológico sigue siendo de suma importancia. Al considerar de dónde provienen nuestros productos, es posible que podamos tomar decisiones que promuevan la higiene y también reduzcan el desperdicio. Durante los primeros seis meses de la pandemia de COVID-19, por ejemplo, un estudio en Inglaterra examinó la huella de carbono del equipo de protección personal (EPP). Encontró una huella de carbono de 158 838 toneladas de $CO_2$, y las mayores contribuciones provienen de guantes, delantales, protectores faciales y máscaras quirúrgicas Tipo IIR. El estudio indicó que un tercio de la huella de carbono podría evitarse fabricando EPP en el Reino Unido, reduciendo el uso de guantes, usando batas y protectores faciales reutilizables y maximizando el reciclaje.[66]

## Reducir el desperdicio es un viaje personal

Es fácil hablar de desperdicio en términos de grandes números, estadísticas generales y globales. Sin embargo, no existe un libro de jugadas y que enumere, paso a paso, la forma correcta de reducir con precisión el desperdicio en nuestras propias vidas y prácticas odontológicas. Se han enumerado algunas pautas principales en este capítulo y, ciertamente, hay algunos principios generales que se deben tener en cuenta al tratar con los desechos.

La mejor manera de marcar la diferencia es mirar alrededor de su situación actual, hacer cambios pequeños e incrementales y estar informado sobre lo que hay en el mercado. Esto se debe a que la práctica odontología está cambiando y cada año ingresan a la industria nuevos productos que son cada vez más ecológicos, mejores para el medio ambiente y más sostenibles. Es recomendable tomar el siguiente cuestionario como una autoevaluación y luego explorar la lista de productos para comenzar su propio viaje para reducir el desperdicio.

## UNA INMERSIÓN EN EL MUNDO EMERGENTE DE LOS PRODUCTOS DENTALES BIODEGRADABLES

- BeeSure: guantes de nitrilo, guantes de cloropreno, guantes de látex, máscaras faciales, diques dentales, desechables de plástico, otros desechables.
- Plásticos de jugo de cactus
- Qwarzo: Papeles para reemplazar el plástico
- Algramo: Envases reutilizables
- Orsing: Eyectores de saliva y tubos aspiradores
- Empaque Greenman: Tazas, tapas y accesorios de café compostables
- Plástico biodegradable para asientos dentales o sillas dentales
- TePe: Cepillos de dientes y productos dentales a base de vegetales
- Crafting Plastics Studio: gafas biodegradables

## ¿Qué pasa con la sostenibilidad a la hora de elegir nuestro embalaje?

La sostenibilidad en la odontología no se limita a ser respetuosa con el medio ambiente. Va más allá de ese concepto inicial. Significa que todo lo que estamos haciendo está diseñado para que se lleve a cabo en el futuro, sin efectos nocivos para el medio ambiente. Esto es especialmente cierto al elegir fabricantes. Estas entidades están produciendo los bienes que eventualmente terminan en consultorios y hogares.

Puede servir esta lista de verificación para ayudar a encontrar el mejor fabricante sostenible:

- ¿Es el producto que está considerando reciclable?

- Si el producto no es reciclable, ¿existe otra opción reciclable?

- ¿Es el embalaje reciclable?

- ¿La empresa podrá reciclar los residuos de envases?

Si bien la sostenibilidad puede comenzar con el reconocimiento de que se necesita un cambio, su camino es largo y lleno de potencial. Hemos visto muchas formas de ver la salud bucal de una manera nueva. Si creemos que todo está ligado, en otras palabras, que nos preocupamos por la naturaleza, que a su vez satisface nuestras necesidades, podemos comenzar a tomar decisiones preventivas y proactivas. Los invito a pensar conmigo sobre soluciones innovadoras y sostenibles para la industria odontológica. Juntos podemos crear un futuro saludable, brillante y equilibrado.

*Debemos alentar activamente a nuestros pacientes y al público en general a que usen máscaras faciales lavables y reutilizables, y cambiar hacia el uso de alternativas sostenibles siempre que sea posible.*

—R. Dean, East Yorkshire, Reino Unido D

## Preguntas para la autorreflexion

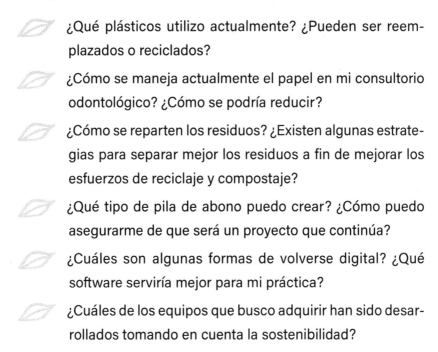

¿Qué plásticos utilizo actualmente? ¿Pueden ser reemplazados o reciclados?

¿Cómo se maneja actualmente el papel en mi consultorio odontológico? ¿Cómo se podría reducir?

¿Cómo se reparten los residuos? ¿Existen algunas estrategias para separar mejor los residuos a fin de mejorar los esfuerzos de reciclaje y compostaje?

¿Qué tipo de pila de abono puedo crear? ¿Cómo puedo asegurarme de que será un proyecto que continúa?

¿Cuáles son algunas formas de volverse digital? ¿Qué software serviría mejor para mi práctica?

¿Cuáles de los equipos que busco adquirir han sido desarrollados tomando en cuenta la sostenibilidad?

# CAPÍTULO 4

# POR QUE IMPORTA EL AGUA

*El agua está en todas partes; este elemento tan precioso de la Tierra está tan vivo como nosotros, juega un papel esencial en nuestra vida diaria y nuestro bienestar y es nuestro recurso más preciado.*[67]

ace años, me interesé por el concepto de agua en varios niveles, desde sus extraordinarias cualidades hasta su presencia en nuestra vida diaria. Profundicé en las intrigantes obras de Masaru Emoto, un investigador japonés y autor que demostró la facilidad con la que el agua puede cambiar. Su investigación indicó que el agua está estrechamente relacionada con la conciencia de individuos y grupos. Sus experimentos demostraron que la estructura del agua podía cambiar y era sensible a las vibraciones y la información, como la música o las palabras.[68] Podría cambiar para adoptar la misma forma que su entorno circundante.[69]

El agua fluye por el planeta a medida que circula por nuestros cuerpos. Nuestros cuerpos están hechos de aproximadamente un 70% de agua. Necesitamos agua para vivir, junto con las innumerables plantas y animales en todo el planeta. El agua proporciona los minerales que nuestro cuerpo necesita.

Dado que el agua es una esencia de la vida misma, el agua contaminada tiene un efecto dominó en las plantas, los animales e incluso en nuestro nivel general de minerales y salud. Cuando se utiliza en el proceso de fabricación, el agua se contamina con frecuencia. A veces, esta agua sucia no pasa por un proceso de tratamiento para limpiarla.

Ante esto, observamos un ciclo perturbador del agua. Este preciado líquido se extrae del suelo y las vías fluviales, se filtra mediante procesos de fabricación o consumo humano, y finalmente desemboca en el suelo o el mar, una secuencia similar ocurre en la clínica dental. Cuando se pulen los materiales compuestos o se elimina el mercurio de los empastes de amalgama, las partículas del agua fluyen a través del sillón dental, salen de la clínica y terminan en las aguas residuales. Este proceso contamina el ecosistema.

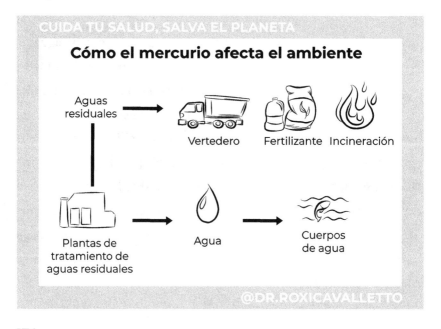

## Cómo el mercurio afecta el ambiente

Aguas residuales → Vertedero  Fertilizante  Incineración

Plantas de tratamiento de aguas residuales → Agua → Cuerpos de agua

@DR.ROXICAVALLETTO

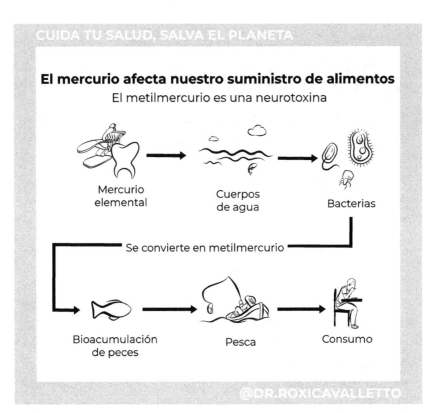

**El mercurio afecta nuestro suministro de alimentos**

El metilmercurio es una neurotoxina

Mercurio elemental — Cuerpos de agua — Bacterias

Se convierte en metilmercurio

Bioacumulación de peces — Pesca — Consumo

@DR.ROXICAVALLETTO

## ¿QUÉ SE PUEDE HACER CON EL FLÚOR Y OTROS CONTAMINANTES EN EL AGUA POTABLE?

Muchos municipios agregan fluoruro al agua que beben sus residentes, con el objetivo de "mejorar la salud bucal". Sin embargo, si los habitantes están expuestos a un exceso de flúor, pueden experimentar fluorosis dental, que causa un daño irreversible al esmalte de los dientes. Además, los dientes pueden decolorarse permanentemente y mostrar un patrón moteado de color blanco o marrón. Los altos niveles de flúor también pueden hacer que los dientes se vuelvan "quebradizos" y se rompan y se manchen con facilidad.

*Entre los niños de entre seis y diecinueve años, el 58% tiene fluorosis dental, según una evaluación de los datos de los CDC.*[70]

Además de dañar los dientes, los niveles excesivos de este elemento

175

pueden provocar toxicidad por flúor, que es perjudicial para la salud humana. El agua potable impura puede contener fluoruro, bisfenol A (BPA), plomo, cloro, nitratos, PFA, mercurio y otros contaminantes.

Volviendo a los hallazgos de Emoto, cuando esto sucede, la calidad del agua no es la misma. De hecho, el agua en sí está enferma. Emoto verificó que cuando se toman gotas de agua de un río contaminado y se congelan, el hielo adquiere una forma desestructurada. Esto contrasta con la forma de un hermoso hexágono, que normalmente se forma con el agua limpia.

Con eso en mente, ¿qué crees que podría suceder cuando bebemos agua contaminada y entra en nuestros cuerpos?

En respuesta a estos materiales tóxicos, están surgiendo algunas tecnologías nuevas para proporcionar agua potable segura. Un sistema de ósmosis inversa combinado con un filtro de carbón es más eficaz para eliminar los contaminantes del agua. Uno de estos sistemas, llamado ósmosis ultra inversa, tiene como objetivo ayudar a eliminar los contaminantes en el agua potable.[71] Los invito a consultar este sitio web para obtener más información: https://www.ewg.org/tapwater/water-filter-technology.php#ro.

Existen otras soluciones para limpiar el agua, incluido un filtro de agua. Puede obtener más información sobre esta metodología en https://www.ewg.org/tapwater/water-filter-guide.php.

El Grupo de Trabajo Ambiental (EWG en sus siglas en inglés) proporciona recursos que pueden ayudarlo a determinar qué contaminantes se encuentran en su agua potable. Para averiguarlo, visite el siguiente sitio e ingrese su código postal o el nombre de la empresa de agua que suministra su agua: https://www.ewg.org/tapwater/water-filter-step-by-step-guide. php.

También puede recibir una guía de agua potable segura, según el país donde vive: https://act.ewg.org/onlineactions/mWD1Z5Zf-UCQ4aGbLDR5mg2?_ga=2.49433572.358171977.1621774425-1250469020.1620911289 .

El agua también es un recurso finito. La fabricación y la producción de energía consumen grandes cantidades de agua. Los ecosistemas de todo el mundo, en particular los humedales, están en declive en términos de los servicios que brindan.[72] Se estima que más del 80% de los humedales se han perdido desde la era preindustrial.[73]

## EL FLUORURO LLAMADO NEUROTOXINA

Se ha agregado fluoruro a suministros de agua comunitarios desde la década de 1940 para prevenir la caries dental. También se encuentra en muchos minerales, suelos y aguas subterráneas.[74]

El consumo prolongado de agua contaminada con iones de fluoruro (F–) en concentraciones superiores a 1,5 ppm puede tener consecuencias considerables para la salud, especialmente en niños y embriones en desarrollo. Puede causar formas irreversibles y potencialmente graves de toxicidad por fluoruro (F–), incluida la fluorosis esquelética. Esto es endémico en al menos veinticinco países.[75]

En 2014, *The Lancet*, una reconocida revista médica, designó al fluoruro como neurotoxina. La medida llevó a los funcionarios de salud federales de los Estados Unidos. A aconsejar a los gobiernos locales que reduzcan la cantidad de fluoruro en el suministro de agua de los Estados Unidos.[76]

La concentración promedio en los Estados Unidos es de 0,26 mg/L, muy por encima de los 0,7 mg/L recomendados. Para los adultos en los Estados Unidos, el agua y las bebidas fluoradas aportan un promedio de aproximadamente el 80% de la ingesta total diaria de fluoruro.[77]

La fluoración del agua se aplica en varios países. En un estudio canadiense de mujeres embarazadas, la fluoración del agua fue el principal predictor de los niveles de excreción urinaria de fluoruro, con concentraciones ajustadas de creatinina de 0,87 mg/L y 0,46 mg/L.[78]

Actualmente, los niveles del flúor en California del norte y Canadá pueden causar más daño que el plomo y el mercurio.[79]

Dado que el flúor puede atravesar tanto la barrera placentaria como la barrera hematoencefálica, llega al cerebro fetal. Los estudios de autopsias en áreas endémicas de China han mostrado concentraciones elevadas de fluoruro en tejidos fetales abortados, incluido el tejido cerebral. Las concentraciones de fluoruro en el suero materno y del cordón se correlacionan bien. La sangre del cordón muestra concentraciones ligeramente más bajas, o alrededor del 80% de las concentraciones en el suero materno. Sin embargo, la correlación exacta depende de la edad gestacional. Las técnicas de muestreo de sangre fetal han permitido documentar concentraciones elevadas de fluoruro en la circulación fetal después de la administración de fluoruro de sodio a la madre. Por lo tanto, la evaluación de fluoruro en muestras maternas durante el embarazo puede usarse como indicador de exposición fetal.[80]

Los niños pueden ser especialmente propensos a la sobreexposición al flúor, ya que no saben cómo enjuagarse la boca hasta los siete años. Esto significa que podrían consumir esta neurotoxina más fácilmente en cantidades mayores. La concentración de flúor en la pasta de dientes podría ser alta para ellos. Un gramo de pasta de dientes consumido podría provocar intoxicaciones agudas como vómitos, diarrea y dolor de estómago. Un estudio reciente demostró que la exposición extremadamente baja al fluoruro durante el embarazo afecta el desarrollo del cerebro fetal. Los resultados de este estudio encontraron una concentración de fluoruro en la orina materna de 0.2 mg / L, que se excede de cuatro a cinco veces en mujeres embarazadas que viven en comunidades fluoradas.[81]

Si bien la asociación entre el flúor y los síntomas de enfermedad no siempre se establece, es esencial considerar el posible vínculo. Además de los efectos negativos en los fetos y los niños, demasiado flúor también puede dañar la salud de los adultos. Las sobredosis podrían contribuir al daño de la tiroides y la infertilidad masculina.[82]

La conservación está en el corazón de la solución para todos nuestros problemas relacionados con el agua. Cambiar los hábitos, a menudo en pequeñas formas, para utilizar mejor el agua como recurso, es un comienzo saludable. La implementación de un nuevo enfoque tanto en el hogar como en el consultorio dental tendrá un impacto positivo en la vida de nuestros pacientes y en el entorno que nos rodea. La conservación es el ritmo de un futuro verde brillante para todos. Veamos cómo se desarrolla esto en el mundo de la odontología y más allá.

## Comprender el papel esencial del agua

Los ecosistemas, que incluyen bosques, humedales y pastizales, son un componente crítico del ciclo del agua. Los ecosistemas reducen los efectos de las inundaciones y la escasez de agua. Para que el agua dulce esté limpia, se necesita un ecosistema saludable.

Dentro de un ecosistema, los seres vivos, como animales, plantas y organismos, interactúan con elementos no vivos como el clima, el sol, el suelo, el clima y la atmósfera.[83] Cuando un ecosistema funciona a un nivel óptimo, puede suministrar agua que es adecuada para diversas actividades, que van desde beber hasta fines recreativos e industriales. Además, los recursos que están presentes en las aguas residuales pueden ser beneficiosos para el ecosistema. Los nutrientes y el carbono orgánico que se encuentran en las aguas residuales ayudan a reponer el medio ambiente.

Cuando los ecosistemas sufren, la calidad del agua disminuye. Si las sociedades cercanas a ecosistemas dañados no pueden acceder a agua potable, corren el riesgo de consumir agua no potable, contraer enfermedades nocivas y afrontar escasez de agua que podría provocar una mala nutrición y hambruna.[84] Sin una gobernanza adecuada, podría haber una mayor competencia por el agua potable y una escalada de las crisis del agua, lo que podría desencadenar emergencias en regiones con escasez de agua.

## EL ESTADO ACTUAL DEL AGUA

- Actualmente, una de cada tres personas no tienen acceso a agua limpia y segura.[85]

- A nivel mundial, 2 200 millones de personas carecen de agua potable gestionada de forma segura y 4 200 millones de personas viven sin una sanitización adecuada.[86]

- La demanda mundial de agua se está disparando, mientras que muchos recursos hídricos están cada vez más contaminados.[87]

- Una quinta parte de las cuencas hidrográficas del mundo están experimentando cambios rápidos en el área cubierta por aguas superficiales. Este cambio indica un aumento de las inundaciones, nuevos embalses y el secado de los cuerpos de agua.[88]

- A nivel mundial, veintiuno millones de personas viven a cinco kilómetros de lagos con agua turbia, lo que puede ser un signo de contaminación del agua.[89]

- La contaminación del agua ha empeorado desde la década de 1990 en casi todos los ríos de América Latina, África y Asia. La contaminación severa por patógenos afecta aproximadamente a un tercio de todos los tramos de ríos en estas regiones.[90]

- En los Estados Unidos, se utilizan sustancias químicas tóxicas fluoradas para fabricar cientos de productos cotidianos que surgen del teflón. Estos, incluyen miles de compuestos anti-adherentes, repelentes de manchas e impermeables llamados "PFA" en sus siglas en inglés, abreviatura de sustancias perfluoroalquilo y polifluoroalquilo. Los PFA se acumulan en nuestros cuerpos y dosis muy pequeñas de PFA se han relacionado con el cáncer, daños reproductivos y otras enfermedades. Los PFA nunca se degradan en el medio ambiente. Casi todos los estadounidenses tienen PFA en la sangre y hasta 110 millones de personas pueden estar bebiendo agua contaminada con PFA.[91]

## IMPACTO DEL FLUORURO EN LOS ECOSISTEMAS

Como se ha considerado el efecto que tiene el agua en su entorno, tanto positivo como negativo, también se puede ver cómo los elementos transportados en este viaje tendrán un impacto propio. Los productos químicos pueden dañar la flora o el suelo. Ciertos minerales pueden alterar el equilibrio de un ecosistema y dañar su capacidad para funcionar de manera saludable.

De esta manera, el flúor, un ingrediente común en la pasta de dientes en todo el mundo, puede causar una serie de efectos en lugares más allá de la boca y el cuerpo. El fluoruro comienza como flúor, que comúnmente se presenta como los minerales espato flúor ($CaF_2$), criolita ($Na_3AlF_6$) y fluorapatita ($Ca_5(PO_4)_3F$).[92] El fluoruro es un ion químico de flúor que contiene un electrón extra. Esto le da una carga negativa. El fluoruro se encuentra naturalmente en minerales, suelo, agua y aire. Ciertos lugares tienen niveles más altos de fluoruro natural que otros.[93]

Además de ocurrir naturalmente, el fluoruro se sintetiza químicamente y se usa en productos dentales, junto con el agua comunitaria y otros productos manufacturados. Las aguas residuales industriales de estas actividades pueden transportar cantidades significativas de fluoruro. Estas actividades pueden resultar en niveles más altos de fluoruro en el medio ambiente.[94]

La contaminación por fluoruro tiene el potencial de dañar la vida silvestre y contaminar el suelo, el agua y la vegetación de un ecosistema.[95] Por ejemplo, los cultivos pueden crecer en suelos que contienen altos niveles de fluoruro. Los animales luego comen los cultivos y, al hacerlo, pueden experimentar problemas de salud. Algunos de estos incluyen anorexia, calambres, colapso, insuficiencia respiratoria y cardíaca y muerte.[96]

> *Los caballos han mostrado síntomas paralizantes de toxicidad por flúor como resultado de los altos niveles de flúor en su entorno.*[97]

Las plantas que crecen en áreas donde el suelo tiene altos niveles de flúor también pueden sufrir. A medida que las plantas absorben el flúor a través de sus raíces, su crecimiento general puede verse atrofiado. La contaminación por flúor también puede conducir a un menor rendimiento de los cultivos durante la cosecha.[98]

## Conservación de agua en el consultorio odontólogo

La mejora de la eficiencia del agua en la industria dental presenta amplios beneficios ecológicos y económicos. Hemos visto que las emisiones y los desechos del consultorio de un odontólogo pueden afectar el entorno que lo rodea, tanto a nivel local como global. También es cierto que los cambios relacionados con el uso del agua y la energía pueden reducir los gastos. Muchas de estas transiciones requieren una inversión de bajo costo y proporcionan un rendimiento financiero positivo.

> *La sustitución de los grifos accionados por el codo por grifos accionados por la rodilla para el lavado quirúrgico resultó en una reducción del 53% en el uso de agua en el Hospital Stobhill de Glasgow.*[99]

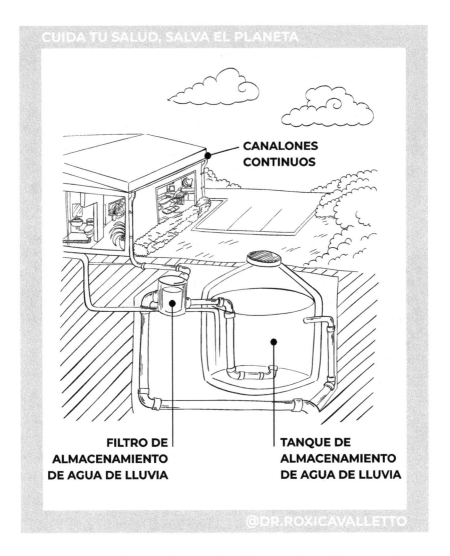

Un punto de partida para las clínicas odontólogas puede ser buscar oportunidades para conservar agua. Esto incluye reducir el uso de agua. También comprende una disminución de la contaminación del agua. Por ejemplo, si se instala el equipo adecuado para eliminar de manera segura la amalgama de mercurio, los riesgos asociados con los altos niveles de mercurio en las aguas residuales podrían disminuir.

## LA OPORTUNIDAD PARA RECICLAR AGUA EN EL CONSULTORIO ODONTÓLOGO

Los hogares modernos están implementando cada vez más técnicas de conservación de agua. En Costa Rica, algunas casas tienen un sistema para capturar el agua de lluvia y luego usarla para otros fines, como la descarga de inodoros. La configuración establece un suministro de agua independiente, que podría ser útil durante tiempos de restricciones regionales de agua.

De manera similar, las clínicas odontólogas pueden buscar formas de reciclar el agua de lluvia. Si un lugar está en construcción o en remodelación, puede ser el momento perfecto para repensar cómo se puede distribuir el agua. Un consultorio dental diseñado para recolectar y redistribuir el agua que cae naturalmente podría reducir las facturas de servicios públicos. (Se puede encontrar más información sobre la estructura y el diseño de oficinas ecológicas en el Capítulo 5).

Otra estrategia simple para crear una cultura conservadora implica el mantenimiento. Si las tuberías están intactas y funcionan bien, se desperdiciará menos agua. Además, puede evitar altos gastos inesperados que pueden surgir si los problemas menores en el sistema de agua no se resuelven de inmediato, lo que lleva a un problema mayor como una tubería rota que necesitará una reparación rápida, a menudo costosa.

Más allá del mantenimiento, si adopta una mentalidad de conservación, es posible ser creativo e incluso divertirse ahorrando agua. Desde reducir costos hasta mantenerse al tanto de las tendencias o incluso convertirse en un líder innovador en su área, existen innumerables formas de iniciar un movimiento de conservación. A continuación, se presentan algunas ideas para comenzar.

## CONVERTIR A UN SISTEMA DE VACÍO SIN AGUA Y PROTEJA EL AGUA DEL MERCURIO

Los consultorios dentales se basan en un sistema de expulsión de saliva que funciona, a menudo denominado sistema de vacío dental. Estas piezas de maquinaria, aunque críticas desde el punto de vista operativo, también utilizan una enorme cantidad de agua. Su función continua puede llevar al uso de aproximadamente 360 galones de agua por día en una unidad dental típica. Como tal, los sistemas de aspiración dental pueden resultar en altos niveles de desechos y contaminación del agua que salen de la oficina. Si bien prescindir de este componente probablemente no sea una opción, cambiar a un sistema de vacío en seco podría ser una solución inteligente. Además, si estos sistemas no tienen una "súper trampa" de amalgama, existe el riesgo de que el mercurio y otros elementos entren en las aguas residuales y creen contaminación. Una vez que el mercurio elemental llega a los cuerpos de agua, se convierte en metilmercurio y afecta nuestro suministro de alimentos. Como ejemplo, en la ciudad de Jeddah en Arabia Saudita se han encontrado concentraciónes altas de mercurio y otros metales en los músculos, branquias e hígado de diez especies de peces.[100]

Un estudio realizado en Pakistán en 2016 evaluó las emisiones ambientales asociadas de mercurio de veintidós clínicas dentales en las aguas residuales de Lahore, Pakistán. Como resultado, la concentración de mercurio de las amalgamas en todas las muestras de aguas residuales dentales estudiadas, excedió el límite de descarga recomendado de 0.01 mg/L.

- La amalgama dental da como resultado cantidades sustanciales de mercurio tóxico que se liberan anualmente al medio ambiente. Una vez en el medio ambiente, la contaminación por mercurio daña a los animales, las plantas y todo el ecosistema, al tiempo que crea "puntos críticos que duran siglos".

- 1 000 000 ng de amalgama pueden contaminar 80 000 litros de agua. Esto equivale a 265 bañeras.

El acceso universal al agua potable y la restauración de los ecosistemas relacionados con el agua exige atención desde la perspectiva de la "mejor gestión de las prácticas de desechos de mercurio". Existen varios separadores de amalgama de mercurio en el mercado y con diferencias reales entre ellos. Así como los protocolos de mantenimiento efectivos para estos separadores y los diversos factores que afectan la efectividad del separador. La eliminación adecuada de los residuos de amalgama no se realiza solo a través de un separador. Para lograr una seguridad en el agua, el aire y el suelo hay que hacerlo a través de un sistema.

A través de él, se asegurará de que los desechos de mercurio se gestionen adecuadamente. Un separador de amalgama autónomo con carbón activado se reciclará al mismo tiempo que reduce el mercurio disuelto y los desechos de mercurio. En el sillón dental, es necesaria una "súper trampa" de amalgama con tecnología de filtración avanzada para reducir la acumulación de mercurio en el vacío. Estas son las razones por las que es un sistema.

187

## EDUCAR A PACIENTES Y EMPLEADOS

La conservación del agua es más eficaz cuando se aborda como un esfuerzo grupal. Ayudar al personal dental y a los pacientes a comprender lo que pueden hacer probablemente producirá mejores resultados. Una lista de instrucciones puede incluir:

- Cierre el grifo mientras se cepilla los dientes en el consultorio del odontólogo y en casa.

- Detenga el flujo de agua mientras se enjabona las manos.

- Cambie a desinfectantes de manos sin agua ecológicos para ahorrar agua.

Use un destilador de agua en la oficina y en casa para purificar el agua. (Uno para probar: el sistema de purificación de agua Aqualite RODI UF patentado por <u>Aquathin</u>, que produce un 99,9% de agua ultrapura y clínicamente segura.)

- No llene en exceso los recipientes que se utilizan para el agua, como vasos y teteras.

- Al comprar electrodomésticos, busque opciones que ahorren agua.

- Encienda el lavavajillas solo cuando esté lleno.

*"El agua está en todas partes; este elemento terrenal está tan vivo como nosotros. Desempeña un papel esencial en nuestra vida diaria y nuestro bienestar. El agua es nuestro recurso más preciado".*

## ESTIMADO PACIENTE:

Gracias por visitar mi clínica dental, recuerde que puede contribuir a la conservación del agua en su hogar haciendo algunos pequeños pasos a continuación:

Compre algunos productos con la etiqueta WaterSense: https://lookforwatersense.epa.gov/products/

**En el baño, donde se lleva a cabo más de la mitad de todo el consumo de agua dentro de una casa:**

- Cierre el grifo mientras se afeita o se cepilla los dientes.
- No llene en exceso los recipientes que se utilizan para el agua.
- Detenga el flujo de agua mientras se enjabona las manos.
- Las duchas usan menos agua que los baños, siempre y cuando controle cuánto tiempo ha estado enjabonándose.
- Cambie a jabones ecológicos sin agua para ahorrar agua.

**Arregle una fuga:**

- Las pequeñas fugas en el hogar pueden sumar hasta galones de agua que se pierden todos los días.
- Para verificar si hay fugas en su hogar, primero debe determinar si está desperdiciando agua y luego identificar la fuente de la fuga. A continuación, se ofrecen algunos consejos para encontrar fugas:
    - Eche un vistazo a su consumo de agua durante un mes más frío, como enero o febrero. Si una familia de cuatro personas excede los doce mil galones por mes, hay fugas graves.
    - Verifique su medidor de agua antes y después de un período de dos horas cuando no se esté usando agua. Si el medidor cambia en absoluto, probablemente tenga una fuga.

- Identifique las fugas del inodoro colocando una gota de colorante para alimentos en el tanque del inodoro. Si aparece algún color en el recipiente después de diez minutos, tiene una fuga. (Asegúrese de enjuagar inmediatamente después del experimento para evitar manchar el tanque).

- Examine las juntas del grifo y los accesorios de las tuberías en busca de agua en el exterior de la tubería para verificar si hay fugas en la superficie.

**En la cocina, obtenga una gran cantidad de ahorros de agua:**

- Tape el fregadero o use un lavabo si lava los platos a mano.

- No llene en exceso los recipientes que se utilizan para el agua, como vasos y hervidores de agua.

- Detenga el flujo de agua mientras se enjabona las manos.

- Use un lavavajillas y, cuando lo haga, asegúrese de que esté completamente cargado.

- Raspe su plato en lugar de enjuagarlo antes de colocarlo en el lavavajillas.

- Mantenga una jarra de agua potable en el refrigerador en lugar de dejar correr el grifo hasta que el agua esté fría.

- Descongele en el refrigerador durante la noche en lugar de usar un grifo de agua caliente.

- Agregue los desechos de alimentos a su pila de abono en lugar de usar el triturador de basura.

**En la lavandería, donde puede estar limpio y verde:**

- Lave solo cargas completas de ropa o use el nivel de agua apropiado o la selección de tamaño de carga en la lavadora.

- Para ahorrar dinero en sus facturas de energía, configure su lavadora para que use agua fría en lugar de agua caliente o tibia.

Fuente de https://www.epa.gov/watersense/start-saving

Además de enseñar e instruir, considere formas de proporcionar motivación y aliento. Por ejemplo, tal vez se cree una tabla en el consultorio dental que describe los pasos a seguir para conservar el agua. A medida que los empleados siguen las pautas, pueden marcar una casilla que indique que han completado los pasos. Una vez que marcan las casillas durante una semana o un mes, reciben un premio como una comida o un artículo que ahorra agua y que pueden usar en casa, por ejemplo.

## REALIZAR INVERSIONES A LO LARGO DEL TIEMPO

Después de dar pequeños pasos para mejorar la conservación del agua, puede ser saludable adoptar un enfoque a largo plazo. Por ejemplo, tener una reunión o reservar un tiempo para pensar en las inversiones que podrían realizarse durante los próximos cinco años permite realizar cálculos sobre el retorno de la inversión. Puede buscar opciones de uso eficiente del agua y evaluar si realizar una compra generará ahorros de costos. El análisis de costo versus beneficio se puede realizar en muchas áreas, que incluyen:

- *Grifos*: ¿Tiene grifos o sensores que se apagan para evitar que un grifo quede abierto? ¿Cuál es el costo de estas funciones? ¿Qué ahorros podrían traer?

- *Equipo de desinfección*: ¿El equipo que tiene actualmente utiliza el agua de manera eficiente? ¿Las lavadoras funcionan solo cuando están llenas? Al reemplazar el equipo de oficina, ¿qué opciones están disponibles que usan menos agua? ¿Cuál es el costo inicial y los ahorros a largo plazo?

- *Remodelación*: al renovar parte de un consultorio dental, ¿existen oportunidades para instalar sistemas de ahorro de agua? ¿Se podrían colocar inodoros ecológicos en un nuevo baño para pacientes o personal? ¿Cuánto cuestan en comparación con otras opciones y qué funciones ofrecen?

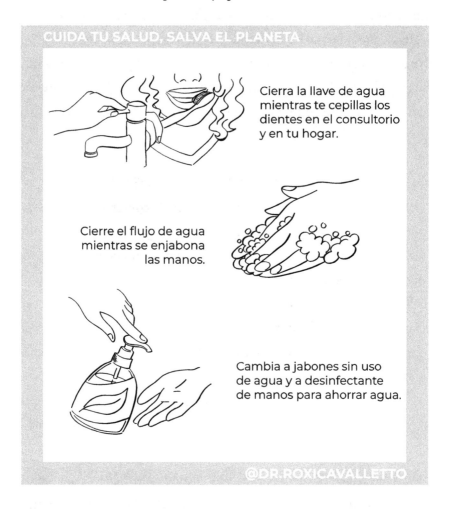

*Aprende más acerca de la eficiencia del agua por bajar el documento Excel por EPA: https:// lookforwatersense.epa.gov/products/*

## Conservación de energía en el consultorio odontólogo

Las emisiones de carbono salen del entorno del odontólogo cuando las puertas se abren para cada día hábil, cuando los pacientes vienen y reciben tratamientos, e incluso después de que los empleados se van por la noche. Reducir estas emisiones utilizando menos energía es ciertamente mejor para el medio ambiente. Además, la reducción del consumo de energía se traducirá en menores facturas de electricidad.

Una gran tarea inicial cuando se ahorra energía implica una evaluación de lo que se está utilizando actualmente. ¿Las facturas reflejan la energía que se proporciona, pero no se utiliza? Por ejemplo, quizás las computadoras se dejan encendidas en momentos en que la oficina no las necesita, como por la noche. Si es así, el proveedor de servicios públicos cobrará por la energía consumida en esas horas.

### LA IMPORTANCIA DE APAGAR LUCES

¿Sabe cuál es el costo de hacer funcionar ocho bombillas de sesenta vatios que se encienden durante diez horas todos los días? En el Reino Unido, la cantidad podría rondar las 150 libras esterlinas (507 kg de CO2e) al año.[101] Agregue el costo y las emisiones de carbono que provienen del funcionamiento de computadoras, cámaras intraorales y televisores cuando no hay nadie en la oficina. Cuando el equipo está enchufado y consume energía de la red, los costos se acumulan. Una buena regla a seguir: si no está en uso, apague los elementos o desenchufe el equipo.

De manera similar a los esfuerzos de conservación del agua, después de realizar una evaluación energética, se puede adoptar un enfoque a largo plazo. Las oportunidades abundan en lo que respecta a la conservación de energía, y las inversiones iniciales a menudo obtienen beneficios sustanciales en términos de ahorro a medida que pasan los años. Aquí hay algunas formas en las que puede comenzar en el camino hacia el ahorro de energía en la clínica odontóloga:

- Buscar bombillas fluorescentes compactas, que normalmente consumen menos energía que otras opciones. Las luces LED son otra opción válida.

- Utilizar un termostato programable que se pueda configurar a diferentes temperaturas en momentos específicos durante el día. Cuando el consultorio está cerrado, la temperatura se puede ajustar para reducir los costos.

- Revisar las opciones con calificación Energy Star® al comprar electrodomésticos. Energy Star es un sistema utilizado por la EPA y el Departamento de Energía para evaluar los niveles de eficiencia de los productos.[102] Es posible que pueda ahorrar hasta un tercio de su costo actual de energía.[103]

- Elegir lámparas de polimerización con tecnología LED. La tecnología reduce la cantidad de energía que utilizan estas luces.

- Utilizar regletas de enchufes inteligentes para equipos electrónicos.

- Comprar computadoras de bajo consumo. Los discos duros más pequeños o las computadoras portátiles que se apagan todas las noches pueden ahorrar energía. Algunos programas cambiarán automáticamente las computadoras y los monitores al modo de espera o suspensión en momentos establecidos.

- Pensar en la esterilización por vapor. Esto elimina los vapores tóxicos de esterilización en el entorno dental y elimina los desechos peligrosos; también permite reutilizar las envolturas de esterilización.[104]

---

## Las luces LED reducen el consumo de energía en un 70%.[105]

---

## EL CAMINO DIGITAL

Muchas innovaciones de alta tecnología brindan una forma de reducir los desechos y aumentar los esfuerzos de conservación dentro de la industria odontólogica.[106] Sin embargo, antes de invertir en ellos, es aconsejable evaluar sus características y costos. Las tecnologías digitales para tratamientos, por ejemplo, ofrecen ventajas de diagnóstico temprano y terapias preventivas, que a menudo pueden ayudar a evitar procedimientos invasivos o costosos más adelante. Algunas opciones digitales a considerar incluyen:

- Imágenes digitales: los rayos X digitales utilizan menos energía que los sistemas de rayos X convencionales y requieren menos materiales.[107] También proporcionan una calidad de imagen mejorada y un mejor diagnóstico. La imagen instantánea está disponible en línea, lo que facilita el acceso y la referencia en cualquier momento.[108] La tomografía computarizada de haz cónico es una tecnología que algunos consideran el estándar de atención cuando la imagenología 3D es necesaria en odontología. Este salto tecnológico permite a los médicos obtener acceso inmediato a imágenes 3D precisas de estructuras anatómicas, que a menudo son fundamentales para un diagnóstico preciso, una planificación del tratamiento más eficaz y una mayor aceptación de casos.[109]

- Versiones digitales de revistas y publicaciones: en lugar de imprimir material, suscríbase a formatos digitales o lea publicaciones en línea para reducir el uso de impresoras.

- Tecnología CAD/CAM: el uso de esta tecnología para las restauraciones Onlay ayuda a reducir el número de visitas necesarias para realizar el procedimiento. De esta forma, se reducen los gases de efecto invernadero que se acumulan cuando los pacientes y el personal tienen que desplazarse a múltiples citas.[110]

- Invisalign: esta tecnología reduce el número de visitas requeridas por el paciente y el personal, reduciendo así la cantidad de emisiones de carbono durante un procedimiento. También es reciclable y sin BPA.[111]

## LOS BENEFICIOS DE LA ENERGÍA SOLAR

La energía generada a partir de combustibles fósiles es una fuente importante de contaminación del aire, que puede provocar muertes prematuras.[112] Cambiar a paneles solares puede reducir las emisiones y ahorrar costos de energía a largo plazo. Una variedad de proveedores de energía verde puede instalar el equipo necesario y monitorear el desempeño. Vea varias opciones que recomiendo en mi sitio web: www.rosannacavalletto.com.

## LA VISIÓN COMPLETA

Antes de comprar nuevos equipos o tecnología, es importante pensar en la vida útil. Querrá evaluar la fuente, cuánto durará la compra y qué impacto se está produciendo en el medio ambiente a través de su producción, uso y vida futura. Evalúe la cantidad de dinero ahorrado, junto con las reducciones de emisiones de carbono que se proporcionarán.

## Preguntas para la autorreflexión

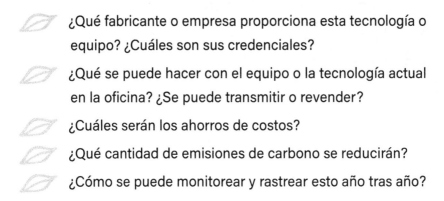 ¿Qué fabricante o empresa proporciona esta tecnología o equipo? ¿Cuáles son sus credenciales?

¿Qué se puede hacer con el equipo o la tecnología actual en la oficina? ¿Se puede transmitir o revender?

¿Cuáles serán los ahorros de costos?

¿Qué cantidad de emisiones de carbono se reducirán?

¿Cómo se puede monitorear y rastrear esto año tras año?

# UN PASEO POR UN CONSULTORIO ECOLÓGICO

*Nunca podemos tener suficiente de la naturaleza.*

—Henry David Thoreau

Como se ha visto en los capítulos anteriores, una práctica odontóloga ecológica contribuye positivamente a nuestra salud y al medio ambiente, al mismo tiempo que proporciona beneficios económicos. Hemos hablado de formas de reducir nuestro consumo de recursos, reducir los niveles de desperdicio y mejorar los métodos de conservación. Hemos observado cómo nuestra huella de carbono puede reducirse mediante prácticas simples como iniciar una pila de abono y apagar las luces.

Toda esta mentalidad de una "odontología verde" puede parecer un cambio muy lejano de lo que se ve típicamente en la industria dental actual. Es mucho más común ver centros comerciales con letras grandes que identifican al "ODONTÓLOGO" como un lugar entretejido con otras empresas, tiendas y restaurantes. Incluso puede que se pregunte, ¿de dónde vino todo este concepto?

No de mi mente. Si bien las experiencias por las que pasé en la industria dental despertaron mi curiosidad por comenzar este viaje hacia una odontología más verde, no inventé el término "odontología verde" ni siquiera encendí la idea. Otros pioneros ya han emprendido un camino verde.

El Dr. Ali Fahrani, un odontólogo con sede en Canadá definió la "odontología verde" como "un enfoque de la odontología que implementa prácticas sostenibles al mantener el consumo de recursos en línea con la economía de la naturaleza, salvaguardando el medio ambiente externo en virtud de la eliminación o reducción de desechos y promoviendo el bienestar de todos los que se encuentran en el entorno clínico mediante la reducción consciente de los productos químicos en el aire respirable".[113]

A medida que esta nueva mentalidad hacia la odontología ha evolucionado, es interesante notar que la palabra "verde" tiene más de un significado. Como color, representa el concepto de visión, estabilidad y resistencia. También refleja el concepto de crecimiento y esperanza, al tiempo que hace referencia a la seguridad cuando se utiliza en la publicidad de productos médicos y medicamentos.[114] Si bien se usa comúnmente para hacer referencia al medio ambiente, también se puede usar para representar el tono del dinero.[115]

*ORA Dental Studio, fundado por el Dr. Goran Kralj, el Dr. Steven Koos y Mladen Krajl, es un grupo eco-dental, uno de los primeros en promover sus servicios como odontología ecológica.*[116]

Con eso en mente, tengo buenas noticias. Estos primeros líderes en odontología ecológica han sentado las bases para que la sostenibilidad alcance el siguiente nivel en nuestra industria. Sus esfuerzos coinciden con los objetivos establecidos por las Naciones Unidas, que ha calificado la década de 2020 como la "Década para la Restauración de Ecosistemas".[117] Esto incluye considerar la salud humana y el planeta a la hora de tomar decisiones. Se ha sentado la base sobre la que podemos construir un futuro ecológico, y eso incluye la creación de una estructura ecológica en la que se desarrolla la odontología.

*La industria de la construcción es a menudo uno de los principales contribuyentes a las emisiones de carbono.*

—Worden

Mientras pensamos en el diseño de un consultorio dental ecológico, puede ser útil comprender primero los impactos negativos que ciertas estructuras pueden tener en el medio ambiente. También es valioso pensar en qué se puede hacer para mejorar la calidad del aire y qué certificaciones ecológicas están disponibles para guiar el proceso de construcción. Después de revisar esos pasos, cerraremos el capítulo con un ejemplo de un consultorio odontólogo ecológico en el trabajo, que atiende a una clientela que se preocupa por el medio ambiente, incluidas la gente famosa.

## Riesgos asociados con estructuras convencionales

Desde el inicio de la fase de diseño y construcción de una nueva clínica dental, se pueden tomar decisiones que contribuyan al aumento de los niveles de contaminación, la desaparición de espacios verdes y la extinción de plantas y vida silvestre.[118] Estos riesgos también pertenecen a la industria dental. A continuación, se muestran varias formas en que los edificios dentales pueden tener un impacto negativo en su entorno:

- Mobiliario: las unidades dentales a menudo incluyen muebles, telas, superficies y decoración que contienen componentes dañinos como urea formaldehído, metales pesados, cromo hexavalente, compuestos perfluorados (PFC), compuestos halogenados y retardadores de llama. Estas son fuentes de emisiones y contaminantes interiores peligrosos.

- Degradación ambiental: cuando los consultorios dentales no tienen una mentalidad de conservación, generalmente contribuyen a los crecientes problemas relacionados con el aire, el agua y el suelo. Estos recursos continúan deteriorándose si no se utilizan de manera sostenible. [119]

- Problemas de salud: las prácticas dentales convencionales pueden exponer a los pacientes y al personal a una radiación excesiva, lo que puede provocar cambios moleculares dentro de las células. Con el tiempo, esta exposición puede provocar afecciones médicas como mutaciones, cánceres y dificultades de crecimiento y desarrollo.[120]

- Mala calidad del aire: sin los controles adecuados, las clínicas dentales pueden incluir elementos dañinos, como bacterias, virus, secreciones buco-nasales, materiales dentales, polvo de dientes y vapores peligrosos de mercurio y óxido nitroso.[121]

*La biodiversidad se está derrumbando en todo el mundo.*[122]

## LOS BENEFICIOS PREVENTIVOS PARA
## LA SALUD DE LA TECNOLOGÍA

En la odontología, las impresiones y los aparatos dentales utilizados en los pacientes siempre deben tratarse como si fueran potencialmente infecciosos. Las sustancias nocivas podrían estar en los microbios que están presentes en la saliva, la sangre oculta y la placa dental. Además, los pacientes podrían estar en una etapa asintomática de enfermedades como la hepatitis C y desconocer su condición. En algunos casos, es posible que no declaren su condición para evitar la discriminación. Por ejemplo, podrían tener VIH y no informarlo en la clínica odontológica.

Para promover un lugar estéril, se utilizan muchos productos químicos para la prevención de infecciones cruzadas durante los procesos dentales. Uno de los productos químicos más utilizados es el glutaraldehído, que es un líquido aceitoso transparente con un olor acre. Si bien se usa para prevenir enfermedades, en realidad puede causar daño. La exposición al glutaraldehído puede provocar irritación de la garganta y los pulmones, asma, dificultad para respirar, dermatitis, irritación nasal, estornudos, sibilancias, ardor en los ojos y conjuntivitis.[123] Los odontólogos pueden exponerse al glutaraldehído al inhalarlo o al entrar en contacto con él. Otros productos disruptivos como las soluciones de hipoclorito pueden tener efectos corrosivos o de decoloración en las partes metálicas.

En lugar de utilizar estas sustancias nocivas, existen opciones más seguras. Algunos de estos incluyen desinfectantes basados en diferentes ingredientes. Busque los que contengan alcoholes, combinación de cloro, clorhexidina ± enzimas, biguanidas y compuestos de amonio.[124] Para proteger nuestra salud, debemos buscar productos desinfectantes lo más ecológicos posible. En el mercado ya existen aerosoles desinfectantes fabricados específicamente para ser aplicados en las superficies de la clínica dental que no contienen alcohol, amoniaco, antibióticos, triclosán ni ningún otro químico. La invención de los LED que generan luz germicida ultravioleta profunda

(UVC) ha impulsado avances en la desinfección de superficies. UVC tiene un potente efecto germicida contra bacterias y virus. Puede usarse para desinfectar productos como equipos médicos. Los LED UVC se pueden utilizar como parte de soluciones para ayudar a prevenir la propagación de COVID-19 y otros patógenos. El monopersulfato de potasio es otro desinfectante no tóxico que puede ser utilizado como una opción de producto 'verde' desinfectante ante el COVID-19.

Además, la tecnología de diseño asistido por computadora/fabricación asistida por computadora (tecnología CAD/CAM o CCT) reduce en gran medida los riesgos biológicos para los pacientes dentales. Esto se debe a la reducción de la contaminación al tomar impresiones digitales. También se basa en procesos de fabricación digital de electrodomésticos, que se realiza en condiciones cerradas y automatizadas.

El proceso de producción más moderno para la tecnología CAD/CAM está totalmente automatizado y las fresadoras están equipadas con sistemas automáticos para la sustitución de herramientas. Esto permite producir un aparato dental con una intervención humana limitada o nula.

A medida que la tecnología pasa por la fase de distribución, los peligros biológicos residuales se pueden reducir mediante el uso de EPP. El control de calidad y la desinfección del aparato antes de la entrega son más fáciles y automatizados mediante CAD/CAM en comparación con los DL tradicionales. Idealmente, estos aparatos deben esterilizarse o recibir al menos una desinfección de nivel intermedio antes de entregarlos en una bolsa sellada a los consultorios odontólogos.[125]

## Los beneficios de un consultorio verde

Repensar el diseño y la construcción de una clínica dental con una mentalidad ecológica puede requerir una inversión inicialmente mayor que la que se necesitaría para una estructura convencional. Sin embargo, con el tiempo, este método genera ahorros.[126]

Los estudios han demostrado que los edificios ecológicos tienen ciclos de vida más largos, menores costos de mantenimiento y menos reparaciones de energía y agua. Tienen menores tasas de rotación y mayores niveles de satisfacción entre quienes los utilizan que los edificios convencionales. La eficiencia energética y de los recursos se puede mejorar entre un 40% y un 45%, lo que conduce a una menor demanda energética de la que requieren los edificios tradicionales.[127]

Más allá de los beneficios de la hoja financiera, un diseño sostenible puede ayudar a promover la marca de un odontólogo. Los pacientes experimentarán un servicio más seguro, saludable y optimizado. Un enfoque ecológico generalmente conduce a niveles más altos de satisfacción del paciente. Un entorno ecológico que tenga en cuenta el bienestar del paciente también se suele percibir como holístico y positivo.[128]

## ODONTÓLOGOS VERDES EN ACCIÓN

Como mencioné al comienzo de este capítulo, no soy la primera en abogar por una experiencia odontológica más ecológica. A continuación, se muestra ejemplos de prácticas odontólogas que han adoptado un enfoque holísticamente ecológico y han tenido éxito:

- Dentist Clinic in Fukuyama/Hiroshima, Japan
- Sensorial Order by Susanna Cots based in Barcelona, Spain and Hong Kong
- Brown's Dental Practice in Ivybridge, Britain
- River Dental Office in Ottawa, Canada
- PEAK Dental Health in Maine, United States
- Ora Dental Studio based in Chicago, United States

## Diseños eficientes para la energía en consultorios odontológicos

Al implementar una estrategia ecológica para un edificio nuevo o un proyecto de renovación, hay muchas opciones que se pueden tomar para reducir su impacto ambiental. A menudo denominada "arquitectura sostenible", el concepto básico es encontrar formas de reducir el uso de energía y aprovechar al máximo los recursos que están en juego. Algunas ideas para la eficiencia energética incluyen:

- Sistemas odontológicos de calefacción, ventilación y aire acondicionado (HVAC) energéticamente eficientes que no contienen clorofluorocarbonos (CFC)[129]

- "Techos fríos" que reflejan la luz solar en niveles altos o tienen una cubierta que reduce los requisitos de enfriamiento dentro del edificio[130]

- Usar concreto para la construcción en lugar de ladrillos[131]

- Instalación de ventanas de doble acristalamiento para mejorar el aislamiento y optimizar el uso de la luz solar[132]

- Maximizar la eficiencia de la iluminación a través de ventanas, ventiladores, cortinas y cortinas con configuraciones automáticas que cambian con la hora del día.[133]

- Paneles de vidrio hechos para permitir que la luz entre pero bloquee el calor solar[134]

### PROTECCIÓN DE LA BIODIVERSIDAD EN UN CONSULTORIO ODONTÓLOGO

Nuestras propias vidas dependen de los árboles y las plantas que convierten el dióxido de carbono en oxígeno. Necesitamos los microbios que crean un suelo fértil para sustentar la vida, junto con los insectos que descomponen los desechos y polinizan los cultivos.[135] Tener esto en cuenta al considerar una práctica dental significa que queremos todo lo posible para apoyar a estos organismos. Una forma creativa de hacer esto implica la instalación de jardines verticales. Imagínese cómo un consultorio dental lleno de plantas, hierbas y flores podría rejuvenecer el espacio, proporcionar aire fresco a los pacientes y defender activamente la biodiversidad.

*La principal prioridad de los jardines verticales es transformar la ciudad.*

—Fernando Ortiz Monasterio, arquitecto y diseñador

## Diseñar para mejorar la calidad del aire

Al crear un edificio o renovar un espacio, el presupuesto generalmente incluye una lista de los elementos necesarios. Esto presenta una oportunidad para examinar detenidamente lo que está disponible en el mercado. Las iniciales EPP significan "Compra ambientalmente preferible" y este enfoque se refiere a encontrar productos y servicios que tengan un impacto menor en la salud humana y el medio ambiente en comparación con los artículos de la competencia en el mercado.[136]

Si se aplica EPP al diseñar y amueblar un consultorio dental, obtendrá aire de mayor calidad dentro del edificio. Por ejemplo, considere un espacio que necesita ser pintado. En lugar de ir a la tienda u ordenar pintura a base de metal, puede investigar qué tipos de pintura están disponibles. Puede revisar la lista de ingredientes o pedirle al contratista que le envíe varias opciones que incluyan una lista de ingredientes. Después de revisar lo que hay en el mercado, puede elegir una pintura ecológica que no contenga metales pesados y no sea tóxica.

## Certificaciones para implementar estructuras sostenibles

Afortunadamente, al profundizar en la construcción de un edificio dental ecológico, no es necesario que planifique todas las técnicas ecológicas por su cuenta. El concepto de sostenibilidad se ha comercializado y existen varias certificaciones y opciones ecológicas disponibles en la actualidad. Además de ayudarlo a asegurarse de que el edificio sea adecuado para el medio ambiente, tener credenciales ecológicas puede mejorar la reputación de un odontólogo. Los pacientes, especialmente los millennials, suelen sentirse atraídos por las marcas ecológicas.

*Un estudio de Nielsen encontró que casi tres cuartos de los encuestados dijeron que estarían dispuestos a pagar más para adquirir productos sostenibles.*[137]

Dado que cada región es diferente y cada espacio es único, no existe necesariamente una certificación que todos los odontólogos deban obtener. Más bien, se trata de investigar su entorno y los códigos de construcción en su área. Este ejercicio le ayudará a descifrar qué se adapta mejor a su práctica.

Dicho esto, existen varias certificaciones comunes en el mercado hoy en día. A continuación, se presenta una revisión de estos, que se puede utilizar como punto de partida al considerar qué credenciales serían las mejores:

**LEED (Liderazgo en energía y diseño ambiental):** Desarrollado por el US Green Building Council en 2000, LEED es un sistema de clasificación para edificios ecológicos. Sirve como punto de referencia para el diseño, la construcción y la operación. Los estudios han demostrado que los edificios ecológicos que tienen certificación LEED en los Estados Unidos y otros países consumen un 25% menos energía y un 11% menos de agua que los edificios que no están clasificados como ecológicos.[138] Las calificaciones para la certificación LEED reflejan el desarrollo sostenible del sitio, el ahorro de agua, la eficiencia energética, la selección de materiales y la calidad del ambiente interior. Tener la placa LEED en un edificio representa liderazgo y un diseño planificado y bien pensado.

*Una serie de proyectos asociados con la industria dental han recibido la certificación LEED, junto con otros proyectos relacionados con la medicina.*

—Sarah Stanley, directora de comunicaciones de USGBC

La mayoría de las clínicas odontológicas que tienen certificación LEED están asociadas con escuelas. Hay dos consultorios dentales con certificación LEED: uno en Michigan y un centro pediátrico en California. Existen estándares para los materiales que se utilizan en la construcción que los odontólogos pueden utilizar para guiar sus proyectos. Los factores relacionados con la ubicación, como la proximidad al transporte público y las rutas en bicicleta, se tienen en cuenta para la certificación.

**WELL building standard:** WELL se basa en un cuerpo de investigación médica que explora la conexión entre los edificios donde pasamos más del 90% de nuestro tiempo y la salud y el bienestar de los ocupantes de estos edificios. Los lugares WELL Certified están diseñados para mejorar los niveles de nutrición, estado físico y bienestar. WELL es administrado por el International WELL Building

Institute (IWBI), que es una corporación pública diseñada para mejorar la salud y el bienestar a través de la construcción.[139]

**Guía verde para el cuidado de la salud:** esta guía se puede utilizar como un recurso para las mejores prácticas al diseñar un espacio dental. Ofrece lineamientos sobre la construcción y operación de espacios de salud. También establece prácticas sostenibles para la industria de la salud.

**Red de Agricultura Sostenible:** Cualquier material utilizado que tenga una base biológica debe ser aprobado por esta red. La Red de Agricultura Sostenible funciona para transformar la agricultura en una práctica sostenible.

## OPORTUNIDADES EN AMÉRICA CENTRAL Y DEL SUR

Si vive en América Central o del Sur, o viaja a estos lugares, encontrará que estas regiones tienen mercados de construcción ecológica pequeños pero en crecimiento y activos. Estas áreas se encuentran entre los lugares más urbanizados del planeta, con el 80% de la gente viviendo en ciudades o áreas urbanas. Para el 2025, se estima que estas ciudades crecerán un 20% y tendrán alrededor de 315 millones de personas viviendo en ellas. La implementación de prácticas de construcción ecológica será fundamental para brindar una alta calidad de vida a quienes viven, trabajan y juegan en estas ciudades .[140]

**Corporación B:** Conocida como Sistema B en América Latina, esta certificación internacional verifica que las empresas han cumplido con los más altos estándares de desarrollo social y ambiental, transparencia pública y responsabilidad legal. La certificación cubre cinco áreas principales: gobierno, empleados, comunidad, medio ambiente y clientes. El B Lab evalúa y confirma que se han cumplido los estándares.

Para recibir la certificación, las empresas pueden esperar someterse a un proceso riguroso y cumplir con una larga lista de requisitos.[141] Sistema B: En Venezuela, Comunidad B toma su representación. Instagram @comunidadbvzla.

**Certificación Green Business Bureau:** Esta certificación se centra en iniciativas medioambientales y sostenibles. Las empresas pueden utilizarlo como guía para crear un plan y mejorar sus esfuerzos ecológicos. El sello Green Business Bureau es bien reconocido y las empresas que reciben la certificación pueden esperar un reconocimiento positivo por su compromiso con el medio ambiente y la sostenibilidad.[142]

## Un punto de partida practica

Si su práctica odontológica tiene pocos empleados o no tiene el presupuesto para cumplir con un intenso conjunto de altos estándares, la certificación Green Business Bureau puede ser una buena opción. El proceso de certificación está disponible en línea y puede llevarse a cabo a su propio ritmo. El programa es menos costoso que otros y tiene requisitos simples para las empresas que se encuentran en sus primeras etapas. A medida que crece, el Green Business Bureau proporciona estándares para prácticas más avanzadas.[143]

**Certificación de la Asociación de Eco-Odontología:** Esta certificación incluye un programa conocido como GreenDOC, que tiene todo lo necesario para convertir una práctica dental en verde. Muestra cómo eliminar los residuos y qué reciclar. También ofrece una guía sobre el manejo adecuado de metales nocivos como mercurio, plomo, cadmio y cobre. El programa proporciona una hoja de ruta que deben seguir los consultorios dentales para que puedan implementar fácilmente nuevos hábitos ecológicos a lo largo del tiempo.

**ARQUITECTURA SUSTENTABLE EN VENEZUELA**

Al construir o remodelar clínicas dentales en Venezuela, varias empresas de arquitectos que se especializan en sostenibilidad incluyen:

- ODA Arquitectos
- Innotica
- Vepica
- Soluciones Sostenibles

# Estableciendo un sistema verde

Además de pensar en las certificaciones y participar en los programas, es útil crear un sistema que pueda medir las emisiones y hacer un seguimiento del progreso. Esto se puede hacer a través del software a medida que esté disponible en el mercado. Otros pasos para establecer un sistema incluyen:

- Usar una **calculadora de emisiones de carbono** para medir las emisiones de su consultorio odontólogo

- Registrarse en servicios como **Grupo Ambing**, que puede ayudar a medir y rastrear las emisiones carbonos

- Explorar el "**software Ecochain Mobius**" (https://ecochain.com/solutions/product-environmental-footprint/). Mobius le permite comprender y mejorar la huella ambiental de su producto o servicio, de una manera simple y aplicación en línea fácil de usar. Con Mobius, puede comparar diferentes materiales y procesos a lo largo del ciclo de vida de su producto o servicio. Incluso puede medir los procedimientos dentales a través de la evaluación del ciclo de vida. ¡Imagínese lo profundo que puede sumergirse en la precisión al hablar de las emisiones de su propia clínica dental! Una vez que este software esté instalado y se muestren sus resultados, ¡hágale saber usted mismo al mundo cuán grande es el impacto ecológico que tiene su clínica dental al usar este fantástico software!

- Involucrarse en el reciclaje a través de empresas como Multirecicla

**UN VISTAZO AL CONSULTORIO VERDE**

Una actriz mexicana tiene una cita con la Dra. María, una odontóloga en la Ciudad de México. Antes de la fecha de la cita, Dra. María le envía un correo electrónico que describe tres puntos principales:

- La importancia de realizar los procedimientos dentales iniciales durante su primera visita, junto con una explicación de lo que se está haciendo para reducir la huella de carbono del consultorio. Dra. María menciona que el primer examen tiene una huella de 5,5 kg de CO2e.

- Un énfasis en venir a la visita en bicicleta.

- Todas las medidas de seguridad necesarias tomadas para COVID-19.

El día de la cita, la actriz ingresa a la clínica e inmediatamente ve paredes cubiertas de vegetación, un techo con paneles solares y un balcón lleno de varias flores y plantas. Incluso hay pequeños nidos encaramados en la azotea para atraer pájaros. Dentro de la oficina, hay una iluminación tenue, que ahorra energía y también crea una atmósfera acogedora.

Mientras mira a su alrededor, la actriz se da cuenta de que se han tomado medidas para construir un edificio sostenible. El color verde se utiliza en todo el espacio, lo que favorece la curación y la relajación. Los jardines verticales se instalan en algunas de las paredes. Incluso hay un jardín interno donde Dra. María cultiva una variedad de frutas y hierbas. El sistema HVAC es energéticamente eficiente, las ventanas tienen doble acristalamiento y el espacio no contiene BPA. El mobiliario se adquirió de segunda mano a través de un local con prácticas sostenibles. Existe un sistema de agua para capturar y reutilizar agua de lluvia. Muchas de estas características se destacan por las placas de certificación verde en una de las paredes.

Durante la cita, Dra. Maria utiliza tecnología y equipos de vanguardia que han sido certificados para sostenibilidad. Éstas incluyen:

- Invisalign
- Itero5
- Carestream
- IQAir HEPA para odontólogo

Dra. María toma radiografías digitales para la actriz mientras explica que este método ayuda a reducir las emisiones de carbono en 5,5 kg de $CO_2$ por cada radiografía. El agua utilizada está purificada y libre de químicos. Los sillones dentales están cubiertos con algodón y bambú orgánicos y reutilizables. Dra. María y su asistente documentan todo lo que usan y lo clasifican en consecuencia en contenedores de reciclaje y basura.

Durante toda la cita, Dra. María se toma el tiempo necesario para cada procedimiento y la actriz nunca se siente apurada. El enfoque personal ayuda a que la actriz se sienta cómoda y fomenta una actitud positiva. Cuando finaliza la cita, Dra. María y su personal usan el color verde y brindan recomendaciones sobre productos no tóxicos ecológicos que se pueden usar para mantener la salud bucal en el hogar. Incluso le dan a la actriz muestras de varios productos para probar, incluido un cepillo de dientes elaborado con bioplástico y pasta de dientes sin flúor.

## Preguntas para la autorreflexión

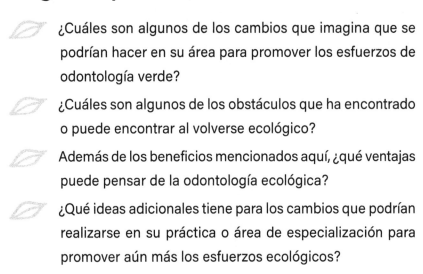

¿Cuáles son algunos de los cambios que imagina que se podrían hacer en su área para promover los esfuerzos de odontología verde?

¿Cuáles son algunos de los obstáculos que ha encontrado o puede encontrar al volverse ecológico?

Además de los beneficios mencionados aquí, ¿qué ventajas puede pensar de la odontología ecológica?

¿Qué ideas adicionales tiene para los cambios que podrían realizarse en su práctica o área de especialización para promover aún más los esfuerzos ecológicos?

# CAPÍTULO 6

# LLEVÁNDOLO A NUESTRO ESTILO DE VIDA

*La naturaleza y la vida misma están íntimamente conectadas. Es tan frágil el equilibrio que existe entre las generosidades de nuestra Tierra y la vida misma, que para que la naturaleza sea "recíproca" positivamente en nuestra salud; debemos ser "recíprocos" en retribución con ella.*

uestra vida cotidiana está conectada con la naturaleza de muchas maneras. Para promover un mejor bienestar, debemos pensar en lo que estamos consumiendo de la Tierra y el impacto de estas sustancias en nuestra salud. La experiencia vivida me llevó a tomar un descanso de la práctica de la odontología para recuperar mi salud y dedicarme a la investigación en odontología y su contaminación. Durante el proceso, comencé a apreciar la importancia de elegir un estilo de vida preventivo, lo que me llevó a mantenerme física, mental y emocionalmente saludable.

Hoy en día, tener acceso a recursos valiosos y un estilo de vida con mentalidad preventiva son factores claves para optimizar la salud. En este capítulo, analizaremos ciertos aspectos en los que se podrían realizar mejoras en el estilo de vida, incluidos los ingredientes de la pasta de dientes, el empaque y los productos dentales.

## ¿Cómo estamos tratando nuestros cuerpos?

Debido a nuestra conexión vital con la naturaleza, nuestra salud depende en gran medida de un suelo fértil.[144] Los microbios crean el suelo, que está compuesto de agua, aire, plantas que ciclan los nutrientes y vida animal. Las plantas que crecen en el suelo sirven como base para los alimentos, el combustible, el desarrollo de fibras y de productos médicos, junto con otros servicios ecosistémicos críticos.

Hoy en día, encontrar un suelo fértil no siempre es fácil. Los nutrientes esenciales del suelo comenzaron a erosionarse durante la era industrial y continúan siendo eliminados. A medida que los fabricantes derraman sustancias cargadas de productos químicos en la tierra, la calidad del suelo se reduce considerablemente y su toxicidad aumenta.

Cuando el suelo está contaminado, estas sustancias nocivas pueden terminar en nuestro cuerpo. Podríamos consumir PFA,[145] fluoruro,[146] BPA, pesticidas y otros materiales tóxicos potencialmente dañinos.

Cuando nuestro planeta enferma, nuestra salud se ve afectada de forma alarmante, considerando lo siguiente:

- En un estudio de muestras de leche materna, el 100% de las muestras dieron positivo por "químicos permanentes" tóxicos. El término "productos químicos permanentes" se refiere a productos químicos que son muy difíciles de degradar; el proceso puede durar miles de años.[147]

- Según EGW, Europa ha prohibido más de 1 300 ingredientes. En los Estados Unidos, solo se han restringido treinta ingredientes. Una organización que se llama Credo ha prohibido más de 2 700 ingredientes.[148]

- En un estudio sobre PFA, se descubrió que las detecciones de PFA tóxicos y sustancias químicas en la leche materna aumentan a nivel mundial y se duplican cada cuatro años.[149]

- Los productos para el cuidado personal pueden contener parabenos, un potencial disruptor del sistema endocrino.[150] Además de muchos otros.

- El mercurio también se puede encontrar en cosméticos para el área de los ojos, como rímel, y en productos de limpieza de maquillaje de ojos, donde se usa como conservante.[151]

- Los productos para aclarar la piel que contienen mercurio se fabrican en muchos países y áreas, incluidos Bangladesh, China, República Dominicana, Hong Kong, Jamaica, Líbano, Malasia, México, Pakistán, Filipinas, República de Corea, Tailandia y los Estados Unidos.[152]

- El formaldehído se ha relacionado con el asma, la neurotoxicidad y la toxicidad del desarrollo.[153]

- Las fragancias sintéticas, que combinan más de 3 000 sustancias químicas, contienen disruptores hormonales, alérgenos y muchas otras sustancias nocivas que podrían afectar nuestra salud en general. Estos existen en productos de maquillaje, cuidado de la piel, cabello, baño, cuerpo y cuidado bucal.[154]

- Mientras les invito a buscar cuidar la salud, comencemos a formar una mentalidad preventiva. Evalúe los alimentos que compra y come, el agua que bebe, los productos de cuidado personal que usa y los productos desinfectantes que compra. Aquí hay algunas sugerencias para comenzar:

- Cuando compre verduras, tenga en cuenta que algunas pueden contener pesticidas y otras sustancias nocivas. Pruebe esta guía de compras para ayudarlo a realizar compras inteligentes: www.ewg.org/foodnews/dirty-dozen.php.

- Cuando use productos de limpieza en su hogar, podría inhalar químicos potencialmente dañinos. Considere estas alternativas ecológicas: www.ewg.org/guides/cleaners/content/top_products.

- Para productos para el hogar, consulte Seventh Generation, que utiliza empaques de materiales reciclados: www.seventh-generation.com/home.

- Para comprender qué es seguro y qué evitar, pruebe esta "lista sucia", que identifica los ingredientes inseguros: https://credobeauty.com/pages/the-dirty-list-1.

## Pensamientos sobre la pasta de dientes

Los azúcares de la dieta, en particular la sacarosa, contribuyen a la formación de placa en los dientes. La presencia de azúcar en la boca también aumenta la velocidad a la que se forma la placa y el grosor de la placa formada. Para mantener una boca sana, es fundamental eliminar de manera regular la placa de los dientes.[155]

La pasta de dientes se ha anunciado durante mucho tiempo como la solución para eliminar la placa. Se han hecho muchas otras afirmaciones basadas en pasta de dientes, incluida la promoción de encías saludables y dientes más blancos. Algunas marcas aseguran que la pasta de dientes reducirá la presencia de bacterias en la boca.

Al considerar la pasta de dientes desde una perspectiva preventiva, se debe preguntar: "¿Qué ingredientes contiene la pasta de dientes"? También querremos descifrar qué es exactamente la pasta de dientes, su papel en la salud bucal sostenible y cómo seleccionar opciones saludables.

## ¿QUÉ ES LA PASTA DE DIENTES?

La pasta de dientes se define como un material semisólido que se utiliza para eliminar los depósitos naturales de los dientes.[156] Se supone que la pasta de dientes se aplica con un cepillo de dientes. Los fabricantes usan diferentes ingredientes para crear pasta de dientes y, por lo general, buscan componentes que sean efectivos para limpiar y atraer a los clientes. Hay miles de pastas dentales disponibles en el mercado actual.

Cuando nos cepillamos los dientes, normalmente tenemos la sensación de proteger nuestros dientes de las caries y la placa. Sin embargo, es importante tener en cuenta que algunos de los ingredientes de las pastas dentales que utilizamos puede estar causando daño dentro de nuestro cuerpo. Existen ciertos riesgos que vienen con la pasta de dientes, que incluyen cáncer, alergias, inmunotoxicidad y toxicidad para el desarrollo y la reproducción. Los ingredientes también pueden causar toxicidad a los sistemas de órganos no reproductivos. Debemos tener en cuenta que pueden existir riesgos ecotóxicos, que se refiere al efecto de los químicos tóxicos sobre los organismos biológicos dentro de un ecosistema.

Con eso en mente, consideremos qué hay realmente dentro de un tubo de pasta de dientes. A continuación, se muestra una descripción general de los ingredientes potenciales que se utilizan con frecuencia para crear pasta de dientes:

## Disolventes

Este se compone principalmente de agua. El disolvente es un elemento esencial que se usa típicamente para mezclar los otros ingredientes en una pasta de dientes.

## Agentes espumantes

La espuma se asocia a menudo con la satisfacción al limpiar los dientes.[157] Para crear esta sensación, una espuma debe tener volumen y sensación de grosor. Por tanto, un agente espumante es un componente esencial. Además de una sensación de limpieza, sirve para reducir la tensión superficial del ambiente líquido en la cavidad bucal, disolver la placa y dispersar los sabores.

En el agente espumante que se utiliza con más frecuencia en la pasta de dientes es el lauril sulfato de sodio.[158] Este ingrediente puede causar úlceras bucales, boca seca y desprendimiento de encías en la boca. Otros ingredientes que se utilizan a menudo para crear espuma incluyen laurilsarcosinato de sodio, alquilsulfo succinato de sodio, cocomonoglicérido de sodio, sulfonato y ésteres de ácidos grasos de sacarosa.[159]

*La dietanolamina es un componente que se usa a menudo para ayudar a crear espuma, pero está asociado con alteraciones hormonales, cáncer y toxicidad orgánica. La dietanolamina está prohibida en la UE.*

En lugar de agentes espumantes nocivos, tenemos una alternativa natural. La sílice es un mineral que sirve como agente endurecedor para aumentar la espuma. También es un agente opacificante, que crea un aspecto nacarado en los dientes, y humectante, lo que significa que atrae la humedad. La sal de potasio del ácido de coco también aumenta la espuma y mantiene unidos los ingredientes, proporcionando una sensación de espuma de forma natural.[160]

### Edulcorantes y aromatizantes

El sabor y el olor de una pasta de dientes son importantes. Entre las opciones disponibles, los alcoholes de azúcar pueden ser la opción más segura. Sirven como humectantes, retienen la humedad y brindan sabor y fragancia. También se pueden usar sorbitol y xilitol para mejorar el sabor. El extracto de stevia es otro agente aromatizante que puede ayudar a eliminar los olores y sabores desagradables y, en cambio, proporcionar un sabor frío y refrescante.[161]

### Agentes anti-caries

Este componente funcional de la pasta de dientes a menudo se presenta en forma de xilitol. También se utiliza bicarbonato de sodio, ya que tiene un efecto tampón y neutraliza los ácidos.[162]

### Humectantes

Estos elementos se agregan a la pasta de dientes para evitar la pérdida de agua y el posterior endurecimiento de la pasta en el tubo o cuando se expone al aire. Algunos glicoles, como el polietilenglicol (PEG), son ingredientes a base de petróleo que pueden usarse como humectantes.[163] Estos elementos se consideran químicos tóxicos "sucios".[164] Los PEG están asociados con el contaminante cancerígeno 1,4-dioxano. La exposición a PEG y trazas de 1,4-dioxano puede provocar problemas de salud como cáncer y daño hepático y renal. Se puede usar propilenglicol como humectante. Esta sustancia química está asociada con irritación de la piel, irritación de los ojos y los pulmones y toxicidad en los sistemas de órganos.[165]

*La glicerina es un compuesto alcohólico natural que se une al agua. Sus propiedades se utilizan como humectante, emoliente, solvente, lubricante y fragancia. La glicerina es uno de los ingredientes de la pasta de dientes más seguros.*[166]

## Agentes colorantes sintéticos

Para crear color, las pastas dentales pueden contener agentes como D&C Red 30, FD&C Blue 1 y D&C Yellow 10. El término "D&C" se refiere a colorantes que se usan en productos cosméticos y medicamentos, pero no en alimentos. Estos colorantes se producen a partir del petróleo.[167] Con el tiempo, pueden acumularse con el tiempo en el cuerpo y causar toxicidad en el sistema de órganos.

*Si la pasta de dientes tiene un color brillante y divertido, es mejor evitarla.*

## Agentes anti-hipersensibilidad dentinaria

Las pastas de dientes pueden incorporar elementos para ayudar con las condiciones de hipersensibilidad en la boca. Algunos de estos agentes incluyen sales de potasio. Es posible que ciertas formas de sal de potasio no sean seguras.

### LA BELLEZA DE LOS ACEITES ESENCIALES

Cuando se usan en pasta de dientes, los aceites esenciales pueden servir como agentes antiplaca, fragancias, antioxidantes y astringentes. Algunos de los aceites comunes que encontrará incluyen:

- Aceite de mentha arvensis
- Aceite de cáscara de limón cítrico
- Aceite de cáscara de citrus aurantium dulcis (naranja)
- Mentha piperita o aceite de menta
- Aceite de hojas de árbol de té

### Agentes vinculantes

Estos componentes se utilizan para evitar que el polvo y los ingredientes líquidos de la pasta de dientes se separen. También dan un grado apropiado de viscoelasticidad y forma a la pasta de dientes. Influyen en la dispersión, la formación de espuma, el enjuague y otras cualidades de la pasta de dientes en la cavidad bucal. Los agentes aglutinantes comunes incluyen polisacáridos como alginato de sodio, carragenina y goma xantana. Estos se consideran limpios y seguros. También existen polímeros sintéticos como el poliacrilato de sodio y minerales arcillosos inorgánicos como la bentonita y laponita.[168]

### Conservantes

Este componente esencial previene el crecimiento de microorganismos en la pasta de dientes. La mayoría de los conservantes que se utilizan provienen de la familia del benzoato de sodio y los parabenos.

El CDC ha detectado parabenos en casi todos los estadounidenses que se han probado.[169] Los parabenos están relacionados con riesgos para la salud que incluyen cáncer, alteración endocrina, toxicidad reproductiva, neurotoxicidad e irritación de la piel.[170]

## Abrasivos

Estos se utilizan para ayudar a pulir los dientes y se consideran un ingrediente funcional. Los abrasivos eliminan las sustancias adheridas a la superficie de los dientes sin rayarlos. Los abrasivos también resaltan el brillo natural de los dientes. La mayoría de las veces consisten en cristales, aunque las partículas pequeñas y suaves son mejores para evitar el desgaste de los dientes.

El carbonato de calcio, una sal inorgánica, es uno de los abrasivos limpios más comunes. Puede usarse para restregar y sirve como agente tamponador, agente opacificante y agente de construcción.[171]

## Agentes anti-placa

Las pastas de dientes pueden tener agentes contra la placa, como el lauril sulfato de sodio y el triclosán. Estas sustancias químicas, mientras ejercen su efecto antiplaca, pueden causar alteraciones en la tiroides, crear resistencia de las bacterias a los antibióticos o causar cáncer de piel. Han sido prohibidos en muchos países.[172]

En el año 2016, la FDA comenzó a tomar medidas contra el triclosán presente en las pastas de dientes y de otros productos de cuidado personal y de limpieza.[173]

## Fluoruro

La mayoría de las pastas dentales en el mercado contienen flúor.[174] Como vimos en el Capítulo 4, el flúor en niveles excesivos puede dañar a la salud en los humanos e infiltrar al ambiente en forma negativa.

**Dados sus efectos dañinos, ¿deberíamos poner flúor en la pasta de dientes?**

## Reemplazos de fluoruro para pasta de dientes

Ahora que hemos revisado la lista de ingredientes que se encuentran comúnmente en la pasta de dientes, podemos evaluar mejor qué debería quedarse y qué debería desaparecer. Entre los primeros elementos que deben eliminarse de los componentes de una pasta de dientes se encuentra el flúor. A medida que nos sumergimos en un enfoque de odontología biológica, podemos comprender por qué no necesitamos flúor en nuestro cuidado bucal.

En cambio, podemos recurrir a ingredientes de pasta de dientes naturales que no contengan flúor. En el mercado actual, existen muchas alternativas disponibles. Algunas empresas están creando componentes de origen natural que sirven como agentes blanqueadores, restauran el esmalte de los dientes y tienen un efecto positivo en la salud bucal. Visite mi página para ver una lista de algunos que recomiendo: www.rosannacavalletto.com.

### MINERALES DE HIDROXIAPATITA

Se han realizado investigaciones sobre el componente hidroxiapatita. Es una forma mineral natural de apatita de calcio, que es una molécula que se encuentra naturalmente en huesos y dientes. Este mineral constituye el 90% del esmalte dental y ayuda a fortalecer y proteger los dientes. También podría proporcionar un mayor volumen. Sirve como exfoliante sobre el esmalte dental. Eventualmente, podría reemplazar el flúor por completo en la pasta de dientes.

> *Prebióticos: estas fibras vegetales ayudan a que las bacterias saludables crezcan en el intestino. Dado que promueven la buena salud en general, podrían usarse en pastas dentales como ingrediente preventivo natural.*[175]

## ENVASADO DE ALIMENTOS Y PRODUCTOS QUÍMICOS

Cuando consideramos los recipientes en los que se colocan los alimentos, debemos ser conscientes de los químicos involucrados. En el caso de los alimentos, los productos químicos de envasado como los ftalatos y el bisfenol A pueden alterar el funcionamiento normal del sistema endocrino y afectar el sistema reproductivo. Lo mismo ocurre con los PFA que se agregan al empaque. Estos productos químicos se utilizan a menudo para proporcionar una superficie antiadherente; las consecuencias negativas, sin embargo, pueden dañar todo, desde los fetos hasta nuestro sistema inmunológico y la función hormonal.[176]

> *El policarbonato médico se considera un plástico sostenible.*[177]

Hay consideraciones básicas que podemos tener en cuenta al tomar decisiones de compra. Éstas incluyen:

- Comprar menos.

- Evitar los dispositivos de un solo uso.

- Elegir productos con envases sostenibles cuando sea posible.

- Seleccionar productos reciclables y reutilizables siempre que sea posible.

- Administrar su inventario para reducir la compra de artículos que no necesita.

- Elegir a los productos químicos con cuidado.

- Alentar a los fabricantes, consumidores, profesionales de la salud y formuladores de políticas de salud a considerar la sostenibilidad ambiental, junto con el dinero y la salud de las personas, al recomendar productos.[178]

## Cepillo de dientes de bambú frente a plástico: ¿Qué es mejor?

Cuando se habla de productos dentales ecológicos, a primera vista, un cepillo de dientes de bambú puede parecer una idea fantástica. Sin embargo, después de investigar esta opción, creo que podemos encontrar soluciones aún mejores. Esto se debe a que debemos considerar el panorama completo al evaluar soluciones sostenibles.

Un cambio a los cepillos de dientes de bambú conduciría a una creciente demanda en el futuro de este material. El resultado podría provocar modificaciones en el ecosistema del bambú. A medida que se planta y se cosecha más bambú, el proceso de cultivo podría incluso convertirse en una fuente de carbono.

Con eso en mente, cuando consideramos la elaboración de cepillos de dientes, es importante realizar una evaluación del ciclo de vida (LCA siglas en ingles). Este proceso guiará al desarrollador del producto a evaluar el impacto ambiental del recurso natural, incluido el consumo y uso de energía.

Otra consideración a tener en cuenta con respecto a los cepillos de dientes de bambú es que depositan bacterias fácilmente. Después de que ya no sea útil para un consumidor, deshacerse de un cepillo de dientes de bambú incluiría quitarle las cerdas para que sea biodegradable. Este paso consistiría en retirar las grapas metálicas del mango de bambú, lo que tarda unos treinta minutos.

En términos de cepillos de dientes de plástico, podríamos encontrar mejores formas de incorporar un enfoque sostenible. Los cepillos de dientes de plástico, cuando se desarrollen, deben seguir una cadena de reciclaje. Los cepillos de plástico reciclables no ocupan mucho terreno y no necesitan mucha agua para crecer. Esto permite que el plástico permanezca en la cadena de reciclaje.

Podemos expandir nuestras mentes aún más cuando se trata de mejores enfoques para los cepillos de dientes. Por ejemplo, podríamos considerar usar una caña de azúcar para crear un cepillo de dientes de base biológica. Este método podría darnos una opción biodegradable con menor riesgo de generar huella de carbono.

*Necesitamos un sistema en el que los cepillos de dientes de plástico puedan reciclarse como baterías y luego reciclarse en nuevos productos. Si el plástico se escapa de la cadena de reciclaje, debería poder descomponerse fácil y naturalmente en productos inofensivos.*

—Brett Duane

## EMBALAJES Y PRODUCTOS DE BELLEZA

¿Tienes algún producto de belleza para reciclar? Pact, un nuevo programa de reciclaje de belleza sin fines de lucro, proporciona una solución sostenible para envases de maquillaje. Obtenga más información en: www.credobeauty.com.

*Se recicla menos del 10% de los envases
de productos de belleza.*

—Credo, una organización que promueve
el cambio social progresivo

## Todo sobre las etiquetas

Aprender a evaluar cómo se distribuyen los alimentos y los productos puede ayudarlo a tomar decisiones inteligentes. Para comenzar, busque un certificado orgánico en los artículos. Luego, utilice estos recursos para informarse más sobre las etiquetas y los productos.

- Decoding Cosmetics Claims: Non-Toxic

- Ethical and Sustainable Labels to Look For

- What is a Green Procurement Policy?

- Green Purchasing Policy

## Preguntas para la autorreflexión

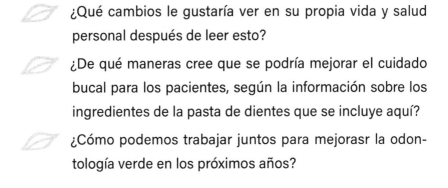

¿Qué cambios le gustaría ver en su propia vida y salud personal después de leer esto?

¿De qué maneras cree que se podría mejorar el cuidado bucal para los pacientes, según la información sobre los ingredientes de la pasta de dientes que se incluye aquí?

¿Cómo podemos trabajar juntos para mejorasr la odontología verde en los próximos años?

# CONCLUSIÓN

$\mathcal{M}$i viaje para encontrar una mejor salud me llevó a hacer un cambio como odontólogo la cual me condujo a reaprender y buscar una odontología basada en un sistema de sostenibilidad y "saludable". Esto no sucedió de la noche a la mañana. He tenido altibajos, giros y vueltas en un cambio de visión. Este curso de eventos me indujo a sumergirme en la investigación y leer todo lo posible sobre mis inquietudes. Estudié durante horas, viajé a lugares para investigar, hablé con expertos y llegué a mis propias conclusiones. He compartido muchas de estas ideas con ustedes durante estas últimas páginas.

Me siento satisfecha y agradecida en el cambio de visión de este nuevo camino. Camino que, quizás a muchos de mis colegas del gremio odontológico, no les sea fácil aceptar y comprender. Los invito a que se abran a esta nueva visión.

Y ahora que hemos llegado hasta aquí, quiero dejarles con un pensamiento final. Cuando comencé mi viaje hacia una odontología verde y una mejor salud, me sentí muy sola. Sin embargo, mientras buscaba, encontré más y más personas, odontólogos y clínicas que compartían mis pensamientos. Además, muchos de ellos habían realizado investigaciones pioneras en este campo. Me dieron la bienvenida a su liga y me animaron a contribuir al mundo de la sostenibilidad de cualquier forma que pudiera.

Ahora, a su vez, los invito a hacer lo mismo. Le extiendo la mano y le pido que venga conmigo, con los otros pioneros y con la nueva generación de odontólogos que desean adoptar un nuevo enfoque. Uno mejor. Uno que salvará nuestra salud. Uno que salvará nuestro planeta. Con ese conjunto, los animo a honrar a nuestra madre tierra, el planeta que los nutre y necesita de su apoyo para un mañana mejor que será mantenido por las generaciones futuras.

## CONTACTO

Para obtener más información sobre la Dra. Cavalletto, visite www. rosannacavalletto.com, o puede comunicarse con ella por correo electrónico a dr.roxicavalletto@gmail.com.

# AGRADECIMIENTOS

Mariana Chong, doy gracias a la sincronicidad manifestada contigo durante el transcurso del desarrollo de mi libro. Doy gracias también a la vida por colocarme a personas especiales como tú. Gracias por estar, por aconsejarme y por guiarme en el camino llamado vida, un camino de crecimiento espiritual y personal compartido muchas veces contigo.

Vida y circunstancias, estoy agradecida con la experiencia vivida porque todo este aprendizaje me ha llevado a obtener una nueva toma de conciencia en la sabiduría de una vida saludable al igual que, a reconectarme, rehacer, replantear, renacer, reorientarme y reorganizarme en una nueva visión para mi profesión.

Juliette Ostos Chong, gracias por el aporte de tu inspiración manifestada en la creatividad y/o ideas elaboradas para los gráficos de mi libro. Te felicito por tu futuro título como Asociado en Artes en Lone Star Community College en Texas y modelado 3D en diseño gráfico.

Voy por la vida siguiendo mis sueños. Gracias, Advantage Family, por hacer realidad este libro que es uno de mis sueños.

Agradecida,
Dr. Rosanna

# ENDNOTES

1     "Oral Health: A Window to Your Overall Health," May Clinic, June 4, 2019, https://www.mayoclinic.org/healthy-lifestyle/adult-health/in-depth/dental/art-20047475.

2     Mandel, Kyla, "Venezuela's last glacier is about to disappear," *National Geographic*, November 2018. https://www.nationalgeographic.com/environment/2018/11/venezuela-humboldt-glacier-melting-disappearing-climate-change/#close.

3     "Sustainability in Dentistry," FDI Dental, accessed June 28, 2021, https://www.fdiworlddental.org/sustainability-dentistry.

4     "Transforming our world: the 2030 Agenda for Sustainable Development," UNCTAD, accessed June 28, 2021, https://unctad.org/system/files/official-document/ares70d1_en.pdf.

5     Duane, Brett, "The UK National Service is World Leader in Sustainable Healthcare: Recommendations for Canada," National Library of Medicine, October 2020, https://pubmed.ncbi.nlm.nih.gov/33337300/.

6     "Sustainability in Dentistry," FDI Dental, accessed June 28, 2021, https://www.fdiworlddental.org/sustainability-dentistry.

7    "Plastics Pose Threat to Human Health," Endocrine Society, December
     2020, https://www.endocrine.org/news-and-advocacy/news-room/2020/
     plastics-pose-threat-to-human-health.

8    "Plastics in the Marine Environment," *Annual Review of Marine
     Science*, 2016, https://www.annualreviews.org/doi/abs/10.1146/
     annurev-marine-010816-060409?journalCode=marine.

9    "Pollutants in Plastics within the North Pacific Subtropical Gyre," *Envi-
     ronmental Science & Technology*, November 29, 2017, https://pubs.acs.org/
     doi/10.1021/acs.est.7b04682.

10   "Current Knowledge on Endocrine Disrupting Chemicals (EDCs) from
     Animal Biology to Humans, from Pregnancy to Adulthood: Highlights
     from a National Italian Meeting," *International Journal of Molecular Sciences*,
     June 2, 2018, https://www.ncbi.nlm.nih.gov/pmc/articles/PMC6032228/.

11   Gibbens, Sarah, "You Eat Thousands of Bits of Plastic Every Year,"
     *National Geographic*, June 5, 2019, https://www.nationalgeographic.com/
     environment/2019/06/you-eat-thousands-of-bits-of-plastic-every-year/.

12   "Plastics – the Facts 2018," Plastics Europe, 2018, https://www.plasticseu-
     rope.org/application/files/6315/4510/9658/Plastics_the_facts_2018_AF_
     web.pdf.

13   "Plastics and the Circular Economy," UNDP, June 26, 2019, https://www.
     undp.org/publications/plastics-and-circular-economy-community-solutions.

14   Barne, Donna and Pirlea, Florina, "Los plásticos descartables contaminan
     las playas del Caribe," Banco Mundial Blogs, June 10, 2019,
     https://blogs.worldbank.org/es/opendata/los-plasticos-descartables-
     contaminan-las-playas-del-caribe.

15   Gibbens, Sarah, "Can Medical Care Exist Without Plastic?" *National
     Geographic*, October 4, 2019, https://www.nationalgeographic.com/
     science/2019/10/can-medical-care-exist-without-plastic/.

16   "Dental Office Waste," Eco-Dentistry Association, accessed June 28, 2021, https://ecodentistry.org/green-dental-professionals/dental-office-waste/.

17   Ibid.

18   International Academy of Oral Medicine and Toxicology, accessed June 28, 2021. www.iaomt.com.

19   Busca Integrada, accessed June 28, 2021, https://buscaintegrada.ufrj.br/EdsRecord/edsbas.

20   "Dental Amalgam Fillings Linked to Perinatal Death, Pregnancy Risks," National Academy of Oral Medicine and Toxicology, December 19, 2018, https://www.prnewswire.com/news-releases/dental-amalgam-fillings-linked-to-perinatal-death-pregnancy-risks-300768511.html.

21   Warwick, David et al., "Mercury Vapor Volatilization From Particulate Generated From Dental Amalgam Removal With a High-speed Dental Drill – A Significant Source of Exposure," *Journal of Occupational Medicine and Toxicology*, 2019, https://pubmed.ncbi.nlm.nih.gov/31346345/.

22   "Dental Amalgam Fillings Linked to Perinatal Death, Pregnancy Risks," National Academy of Oral Medicine and Toxicology. December 19, 2018, https://www.prnewswire.com/news-releases/dental-amalgam-fillings-linked-to-perinatal-death-pregnancy-risks-300768511.html.

23   Geir Bjorklund et al., "Neorotoxic effects of mercury exposure in dental personnel," *Basic and Clinical Pharmacology and Toxicology*, May 2019, 124(5): 568-574.

24   Neghab, Masoud et al., "Symptoms of Intoxication in Dentists Associated With Exposure to Low Levels of Mercury," National Library of Medicine. December 16, 2010, https://pubmed.ncbi.nlm.nih.gov/21173523/.

25   Langworth, S. et al., "Exposure to Mercury Vapor and Impact on Health in the Dental Profession in Sweden," National Library of Medicine, July 1997, https://pubmed.ncbi.nlm.nih.gov/9207773/.

26  Warwick, David et al., "Mercury Vapor Volatilization From Particulate Generated From Dental Amalgam Removal With a High-speed Dental Drill – A Significant Source of Exposure," *Journal of Occupational Medicine and Toxicology*, 2019, https://pubmed.ncbi.nlm.nih.gov/31346345/.

27  "Effects of metallic mercury on the perimenstrual symptoms and menstrual outcomes of exposed workers," American Journal of Industrial Medicine 42, no, 5 (November 2002): 403-9.

28  Warwick, David et al., "Mercury Vapor Volatilization From Particulate Generated From Dental Amalgam Removal With a High-speed Dental Drill – A Significant Source of Exposure," Journal of Occupational Medicine and Toxicology, 2019, https://pubmed.ncbi.nlm.nih.gov/31346345/.

29  Ibid.

30  Juan, Dr. Stephen, "The Minamata Disaster – 50 Years On," *The Register*, July 14, 2006, https://www.theregister.com/2006/07/14/the_odd_body_minimata_disaster/.

31  Ibid.

32  De Vos, G. et al., "Effects of Fluoride and Mercury on Human Cytokine Response In Vitro." *Journal of Allergy and Clinical Immunology* Vol. 113, No. 2, Supplement, February 2014, https://www.sciencedirect.com/science/article/abs/pii/S0091674903030227.

33  Mutter, Joachim, "Is Dental Amalgam Safe for Humans? The Opinion of the Scientific Committee of the European Commission," *Journal of Occupational Medicine and Toxicology*, 2011, http://www.occup-med.com/content/6/1/2.

34  Saraswathy, G., "Green Dentistry," *BioCore*, 2018, https://www.biocoreopen.org/ijdoh/Green-Dentistry.php.

35  Tollefson, Jeff, "COVID Curbed Carbon Emissions in 2020—But Not by Much," *Nature*, January 15, 2021, https://www.nature.com/articles/d41586-021-00090-3.

36  Ibid.

37  Mulhern, Owen, "Carbon Emission to Bounce Back in 2021," Earth.org. April 21, 2021, https://earth.org/data_visualization/global-emissions-to-bounce-back-in-2021/

38  "Definition of Carbon Emission," *Ecolife*, accessed June 28, 2021, http://www.ecolife.com/define/carbon-emission.html.

39  "What Are Carbon Emissions (and Why do They Matter)?" *EarthHero*, accessed June 28, 2021. https://earthhero.com/carbon-emissions/.

40  Duane, Brett et al., "Environmental Sustainability in Endodontics. A Life Cycle Assessment (LCA) of a Root Canal Treatment Procedure," *BMC Oral Health*, December 1, 2020, https://bmcoralhealth.biomedcentral.com/articles/10.1186/s12903-020-01337-7.

41  Duane, Brett et al., "Environmentally Sustainable Dentistry: A Brief Introduction to Sustainable Concepts Within the Dental Practice," *British Dental Journal*, 2019, https://www.nature.com/articles/s41415-019-0010-7?proof=t.

42  Harford, Sara et al., "Sustainable Dentistry: How-to Guide for Dental Practices," *Sustainability in Dentistry*, January 2019, https://www.research-gate.net/publication/330566930_Sustainable_Dentistry_How-to_Guide_for_Dental_Practices_Sustainable_Dentistry_How_to_Guide_for_Dental_Practices_Sustainable_Dentistry_How-to_Guide_for_Dental_Practices.

43  Duane, Brett et al., "Environmental Sustainability in Endodontics. A Life Cycle Assessment (LCA) of a Root Canal Treatment Procedure," *BMC Oral Health*. December 1, 2020.

44    Mulimani, P., "Green Dentistry: The Art and Science of Sustainable Practice," *British Dental Journal*, 2017, https://pubmed.ncbi.nlm.nih.gov/28642517/

45    Harford, Sara et al., "Sustainable Dentistry: How-to Guide for Dental Practices," *Sustainability in Dentistry*, January 2019, https://www.researchgate.net/publication/330566930_Sustainable_Dentistry_How-to_Guide_for_Dental_Practices_Sustainable_Dentistry_How_to_Guide_for_Dental_Practices_Sustainable_Dentistry_How-to_Guide_for_Dental_Practices.

46    "Plastics and the Circular Economy," UNDP, June 26, 2019, https://www.undp.org/publications/plastics-and-circular-economy-community-solutions.

47    "Green Dental Industry," Eco-Dentistry Association. Accessed June 28, 2021, https://ecodentistry.org/green-dental-industry/.

48    Padmanabhan, K.K. and Barik, Debabrata, "Health Hazards of Medical Waste and its Disposal," *Power Generation*. November 9, 2018, https://www.ncbi.nlm.nih.gov/pmc/articles/PMC7152398/#:~:text=Of%20the%20total%20amount%20of,%25%20is%20general%2C%20non-hazardous%20waste.&text=The%20remaining%2015%25%20is%20considered,infectious%2C%20toxic%2C%20or%20radioactive.

49    "Plastic Pollution & Dentistry," Treetops Dental Surgery, accessed June 28, 2021, https://www.treetopsdentalsurgery.co.uk/news/plastic-pollution-dentistry/.

50    Muhamedagic, Belma et al., "Dental Office Waste – Public Health and Ecological Risk," National Library of Medicine, 2009, https://pubmed.ncbi.nlm.nih.gov/24133379/.

51    Duane, Brett et al., "Environmental Sustainability and Waste Within the Dental Practice," *British Dental Journal*, 2019, https://bd.booksc.eu/book/75996772/d31b01.

52    "Preventing Waste, Driving the Circular Economy," Ireland's National Waste Prevention Programme Annual Report 2018, https://www.epa.ie/publications/circular-economy/resources/NWPP_Annual-Report-2018_web.pdf.

53    "Best Management Practices for Mercury and Mercury Amalgam Separation from Dental Office Waste Water," MARS Bio-Med Processes, Inc., accessed June 28, 2021, https://www.marsbiomed.com/news/.

54    Méndez-Visag, Christian, "Manejo responsable del mercurio de la amalgama dental: una revisión sobre sus repercusiones en la salud," *Revista Peruana de Medicina Experimental y Salud Publica* Vol. 31. No. 4, Dic. 2014, http://www.scielo.org.pe/scielo.php?script=sci_arttext&pid=S1726-46342014000400018.

55    Figueroa, Rossanna, "Entre el 50 y el 60% de los desechos que se producen son orgánicos," *Diario Libre*, 11 de noviembre de 2019, https://www.diariolibre.com/actualidad/jake-kheel-entre-el-50-y-el-60-de-los-desechos-que-se-producen-son-organicos-GF15234310.

56    Richardson, J. et al., "What's in a Bin: A Case Study of Dental Clinic Waste Composition and Potential Greenhouse Gas Emissions Savings," *British Dental Journal*, 2016, https://pubmed.ncbi.nlm.nih.gov/26794110/.

57    Ibid.

58    Ibid.

59    Ibid.

60    Fictional person.

61    Harford, Sara et al., "Sustainable Dentistry: How-to Guide for Dental Practices," *Sustainability in Dentistry*, January 2019, https://www.researchgate.net/publication/330566930_Sustainable_Dentistry_How-to_Guide_for_Dental_Practices_Sustainable_Dentistry_How_to_Guide_for_Dental_Practices_Sustainable_Dentistry_How-to_Guide_for_Dental_Practices.

62    Ibid.

63    "Greening the Dental Clinic Checklist," Greening the Dental Clinic,
      https://greeningthedentalclinic.org/wp-content/uploads/2018/11/
      Greening_the_Dental_Clinic_Checklist.pdf.

64    "Plastics and the Circular Economy," UNDP, June 26, 2019, https://www.
      undp.org/publications/plastics-and-circular-economy-community-solutions.

65    Harford, Sara et al., "Sustainable Dentistry: How-to Guide for Dental
      Practices," *Sustainability in Dentistry*, January 2019, https://www.research-
      gate.net/publication/330566930_Sustainable_Dentistry_How-to_Guide_
      for_Dental_Practices_Sustainable_Dentistry_How_to_Guide_for_Dental_
      Practices_Sustainable_Dentistry_How-to_Guide_for_Dental_Practices.

66    Rizan, Chantelle et al., "Environmental Impact of Personal Protective
      Equipment Distributed for Us by Health and Social Care Services in
      England for the First Six Months of the COVID-19 Pandemic," *Journal of
      the Royal Society of Medicine*, 2020, https://doi.org/10.1101/2020.09.21.20
      198911.

67    "Clean Water and Sanitation," United Nations, accessed June 2021, https://
      www.un.org/sustainabledevelopment/water-and-sanitation/.

68    Emoto, Masaru, "The Hidden Messages in Water," Atria Books, 2005.

69    Martín de Lucas, Humilde, "La memoria y la consciencia del
      agua en nuestro organism," *Iagua*, https://www.iagua.es/blogs/
      humilde-martin-lucas/memoria-y-consciencia-agua-nuestro-organismo.

70    "Transform Your Water," Aqua Tru, accessed June 28, 2021, https://aqua-
      truwater.com/?oid=14&affid=12&c=Justingredients.

71    Ibid.

72    "Water and Ecosystems," United Nations, accessed June 28, 2021, https://
      www.unwater.org/water-facts/ecosystems/.

73 "UN World Water Development Report 2021," United Nations. March 21, 2021, https://www.unwater.org/publications/un-world-water-development-report-2021/.

74 Grandjean, Philipee, "Developmental Fluoride Neurotoxicity: An Updated Review," *Environmental Health*, 2019, https://ehjournal.biomedcentral.com/articles/10.1186/s12940-019-0551-x.

75 Ebrahim, Fatmah Mish et al., "Selective, Fast-Response, and Regenerable Metal-Organic Framework for Sampling Excess Fluoride Levels in Drinking Water," *Journal of American Chemistry*. February 11, 2019, https://pubs.acs.org/doi/10.1021/jacs.8b11907.

76 Ferris, Sarah, "US to Lower Fluoride in Water," *The Hill*. April 27, 2015, https://thehill.com/policy/healthcare/240162-hhs-changes-fluoride-recommendation-for-first-time-in-50-years.

77 "U.S. Environmental Protection Agency. Fluoride: Exposure and Relative Source Contribution Analysis," Washington, D.C.: Health and Ecological Criteria Division, Office of Water, U.S., 2010, https://ehjournal.biomedcentral.com/articles/10.1186/s12940-019-0551-x#ref-CR9.

78 Grandjean, Philipee, "Developmental Fluoride Neurotoxicity: An Updated Review," *Environmental Health*, 2019, https://ehjournal.biomedcentral.com/articles/10.1186/s12940-019-0551-x.

79 "Experts Confirm Extremely Low Levels of Fluoride Reduce IQ According to the Fluoride Action Network," *Fluoride Alert*.

80 Grandjean, Philipee, "Developmental Fluoride Neurotoxicity: An Updated Review," *Environmental Health*, 2019, https://ehjournal.biomedcentral.com/articles/10.1186/s12940-019-0551-x.

81 "Experts Confirm Extremely Low Levels of Fluoride Reduce IQ According to the Fluoride Action Network," *Fluoride Alert*.

82 Ibid.

83 "Water, Health and Ecosystems," HELI, World Health Organization, accessed June 28, 2021, https://www.who.int/heli/risks/water/water/en/.

84 "Water and Ecosystems," United Nations, accessed June 28, 2021, https://www.unwater.org/water-facts/ecosystems/.

85 "Clean Water and Sanitation," United Nations, accessed June, https://www.un.org/sustainabledevelopment/water-and-sanitation/.

86 Houngbo, Gilbert F., "Clean Water and Sanitation: Charting a Course to a Healthy Population on a Healthy Planet," IISD. November 4, 2020, http://sdg.iisd.org/commentary/guest-articles/clean-water-and-sanitation-charting-a-course-to-a-healthy-population-on-a-healthy-planet/.

87 Ibid.

88 "Water and Ecosystems," United Nations, accessed June 28, 2021, https://www.unwater.org/water-facts/ecosystems/.

89 Ibid.

90 "UN Environment Annual Report 2016," United Nations, 2016, https://www.unep.org/annualreport/2016/index.php.

91 "The 'Forever Chemical' in 99% of Americans," EWG, accessed June 28, 2021, https://www.ewg.org/pfaschemicals/.

92 "Fluoride and the Environment: A Fact Sheet from the IAOMT," IAOMT, accessed June 28, 2021, https://files.iaomt.org/wp-content/uploads/IAOMT-Fact-Sheet-on-Fluoride-and-the-Environment.pdf.

93 Ibid.

94 Ibid.

95 Ibid.

96    Ibid.

97    Ibid.

98    Ibid.

99    Harford, Sara et al., "How to: Adopt Energy Efficient Technologies," *Sustainable Healthcare*, 2018, https://sustainablehealthcare.org.uk/sites/default/files/3d._adopt_energy_efficient_technologies.pdf.

100   "Bioaccumulation of Heavy Metals in Fish, Squids and Crustaceans from the Red Sea, Jeddah Coast, Saudi Arabia," *Open Journal of Marine Science* 5, no. 4 (2015): 369-378.

101   Vogell, Susan EdD, RDH and Azzam, Marleen RDH, MS., "Basic Concepts of Green Dentistry," *Decisions in Dentistry*, March 13, 2020, https://decisionsindentistry.com/article/concepts-green-dentistry/.

102   Ibid.

103   Cavalletto, Dr. Rosanna, "Green Dentistry—The Eco-Trend.," LinkedIn, June 3, 2019, https://www.linkedin.com/pulse/green-dentistry-eco-trend-rosanna-cavalletto/.

104   "High Tech Dentistry," Eco-Dentistry Association, accessed June 28, 2021, https://ecodentistry.org/green-dentistry/high-tech-dentistry/.

105   Vogell, Susan EdD, RDH and Azzam, Marleen RDH, MS., "Basic Concepts of Green Dentistry," *Decisions in Dentistry*, March 13, 2020, https://decisionsindentistry.com/article/concepts-green-dentistry/.

106   "High Tech Dentistry," Eco-Dentistry Association, accessed June 28, 2021, https://ecodentistry.org/green-dentistry/high-tech-dentistry/.

107   Ibid.

108 "The Environmental Footprint of Braces in 2021," The Schulhof Center, accessed June 28, 2021, https://www.theschulhofcenter.com/the-environmental-footprint-of-braces/

109 "Carestream," last accessed June 28, 3031, https://www.carestreamdental.com/en-us.

110 "High Tech Dentistry," Eco-Dentistry Association, accessed June 28, 2021, https://ecodentistry.org/green-dentistry/high-tech-dentistry/.

111 "The Environmental Footprint of Braces in 2021," The Schulhof Center, accessed June 28, 2021, https://www.theschulhofcenter.com/the-environmental-footprint-of-braces/

112 Duane, Brett et al., "Taking a Bite out of Scotland's Dental Carbon Emissions in the Transition to a Low Carbon Future," *Public Health*, 2012, https://pubmed.ncbi.nlm.nih.gov/22902137/.

113 Rastogi, Varun et al., "Green Dentistry, A Metamorphosis Towards an Eco-Friendly Dentistry: A Short Communication," *Journal of Information and Review*, October 29, 2015, https://www.ncbi.nlm.nih.gov/pmc/articles/PMC4149172/.

114 Ibid.

115 Al-Thunian, Felwah Fahad, "Evaluation of Green Dental Practice Implementation among Dentists Worldwide – A Systematic Review," *Journal of Dentistry and Oral Health*, November 18, 2020, http://www.jscholaronline.org/articles/JDOH/Evaluation-of-Green-Dental-Practice-Implementation.pdf

116 Ora Dental Studio, accessed June 28, 2021, http://www.oradentalstudio.com/.

117 "Informe Planeta Vivo 2020," WWF, 2020, https://livingplanet.panda.org/es-es/.

118  Pandita, Venisha et al., "Dentistry Meets Nature-role of Herbs in Periodontal Care: A Systematic Review," *Journal of Indian Association of Public Health Dentistry*. June 2015, https://www.researchgate.net/publication/311964689_Dentistry_meets_nature-role_of_herbs_in_periodontal_care_A_systematic_review.

119  "Guia para la adquisición sostenible de productos sanitarios," Naciones Unidas. 2020, https://www.ar.undp.org/content/argentina/es/home/library/poverty/GuiaSHIIP.html.

120  Mulimani, P., "Green Dentistry: The Art and Science of Sustainable Practice," *British Dental Journal* Vol. 222, No. 12. June 23, 2017, https://www.nature.com/articles/sj.bdj.2017.546?proof=t.

121  Ibid.

122  Ibid.

123  "Digital Smile Design," accessed June 28, 2021, https://digitalsmiledesign.com/.

124  Ibid.

125  Ibid.

126  Pandita, Venisha et al., "Dentistry Meets Nature-role of Herbs in Periodontal Care: A Systematic Review," *Journal of Indian Association of Public Health Dentistry*. June 2015, https://www.researchgate.net/publication/311964689_Dentistry_meets_nature-role_of_herbs_in_periodontal_care_A_systematic_review.

127  Lakshmi, Dr. Bhagya et al., "Going Green with Eco-friendly Dentistry," *The Journal of Contemporary Dental Practice*, July-August 2013, https://www.researchgate.net/publication/259205315_Going_Green_with_Eco-friendly_Dentistry.

128  Hsu, Ling-Hsin and Hsia, Yu-Hsiang, "Facilitating Green Supply Chain in Dental Care Through Kansei Healthscape of Positive Emotions," *International Journal of Environmental Research and Public Health*, September 20, 2019, https://pubmed.ncbi.nlm.nih.gov/31547090/.

129  Mulimani, P., "Green Dentistry: The Art and Science of Sustainable Practice," *British Dental Journal* Vol. 222, No. 12, June 23, 2017, https://www.nature.com/articles/sj.bdj.2017.546?proof=t.

130  Ibid.

131  Pandita, Venisha et al., "Dentistry Meets Nature-role of Herbs in Periodontal Care: A Systematic Review," *Journal of Indian Association of Public Health Dentistry*, June 2015.

132  Ibid.

133  Mulimani, P., "Green Dentistry: The Art and Science of Sustainable Practice," *British Dental Journal* Vol. 222, No. 12, June 23, 2017, https://www.nature.com/articles/sj.bdj.2017.546?proof=t.

134  Ibid.

135  "Sustainable Dentistry How-to Guide: Travel," Centre for Sustainable Healthcare, accessed June 28, 2021, https://sustainablehealthcare.org.uk/dental-guide/travel.

136  Mulimani, P., "Green Dentistry: The Art and Science of Sustainable Practice," *British Dental Journal*, Vol. 222, No. 12, June 23, 2017, https://www.nature.com/articles/sj.bdj.2017.546?proof=t.

137  "The Sustainability Imperative," Nielsen report. October 2015, https://www.nielsen.com/wp-content/uploads/sites/3/2019/04/Global20Sustainability20Report_October202015.pdf

138  "The Benefits of Green Buildings," World Green Building Council, accessed June 28, 2021, https://www.worldgbc.org/benefits-green-buildings.

139  "What is Well?" International Well Building Institute, accessed June 28, 2021, https://www.usgbc.org/articles/what-well.

140  "Green Building Councils: Regional Networks," International Well Building Institute, accessed June 28, 2021, https://www.worldgbc.org/our-regional-networks/americas.

141  "Sistema B," Sistema B, accessed June 28, 2021, https://www.sistemab.org/ser-b/.

142  Zujewski, Bill, "Why Companies Are Becoming B Corporations and Certified Green Businesses," Green Business Bureau, November 1, 2019, https://greenbusinessbureau.com/blog/why-companies-are-becoming-b-corps-and-certified-green-businesses/.

143  Ibid.

144  Singh, Balwant, "Soil Minerals and Plant Nutrition," *Nature Education* 2015, https://www.nature.com/scitable/knowledge/library/soil-minerals-and-plant-nutrition-127881474/.

145  "EPA Adds New PFAs to its Drinking Water Treatability Database," EPA. May 19, 2021, https://www.epa.gov/newsreleases/epa-adds-new-pfas-its-drinking-water-treatability-database-0.

146  "The International Academy of Oral Medicine and Toxicology," IAOMT, https://iaomt.org/.

147  "Safer Chemicals, Healthy Families," Safer Chemicals, https://saferchemicals.org.

148  "The Dirty List," Credo, accessed June 28, 2021, https://credobeauty.com/pages/the-dirty-list-1.

149  "Chemicals and Toxics Topics," EPA, accessed June 28, 2021, https://www.epa.gov/environmental-topics/chemicals-and-toxics-topics.

150 "Parabens in Cosmetics," FDA, accessed June 28, 2021, https://www.fda.gov/cosmetics/cosmetic-ingredients/parabens-cosmetics.

151 "Chemical Safety," WHO, accessed June 28, 2021, https://www.who.int/health-topics/chemical-safety.

152 Ibid.

153 "Phthalates," FDA, accessed June 28, 2021, https://www.fda.gov/cosmetics/cosmetic-ingredients/phthalates.

154 Potera, Carol, "Indoor Air Quality: Scented Products Emit a Bouquet of VOCs," *Environ Health Perspective*. January 2011, https://www.ncbi.nlm.nih.gov/pmc/articles/PMC3018511/.

155 Vranic, Edina et al., "Formulation Ingredients for Toothpastes and Mouth-washes," *Bosnian Journal of Basic Medical Sciences*, November 2004, https://www.ncbi.nlm.nih.gov/pmc/articles/PMC7245492/.

156 Ibid.

157 Ibid.

158 Ibid.

159 "Natural Hydroxyapatite Toothpaste," Credo, https://credobeauty.com/products/natural-hydroxyapatite-toothpaste.

160 Ibid.

161 Ibid.

162 Ibid.

163 "The Dirty List," Credo, accessed June 28, 2021, https://credobeauty.com/pages/the-dirty-list-1.

164  "What is Proplyene Glycol: Chemical Free Living," Force of Nature, accessed June 28, 2021, https://www.forceofnatureclean.com/chemical-free-living-propylene-glycol/.

165  "What is Proplyene Glycol?" EWG, accessed June 28, 2021. https://www.ewg.org/skindeep/ingredients/705315-PROPYLENE_GLYCOL/.

166  "Natural Hydroxyapatite Toothpaste," Credo, https://credobeauty.com/products/natural-hydroxyapatite-toothpaste.

167  Dexter, Dr. Don, "What's on Your Toothbrush Is What Goes in Your Mouth," Dr. Dexter. October 1, 2015, https://www.drdexter.com/whats-on-your-toothbrush-is-what-goes-in-your-mouth/.

168  Vranic, Edina et al., "Formulation Ingredients for Toothpastes and Mouthwashes," *Bosnian Journal of Basic Medical Sciences*, November 2004, https://www.ncbi.nlm.nih.gov/pmc/articles/PMC7245492/.

169  "How to Choose a Toxic Chemical Free Toothpaste," *Force of Nature*, accessed June 28, 2021, https://www.forceofnatureclean.com/choosing-chemical-free-toothpaste/.

170  Ibid.

171  "Natural Hydroxyapatite Toothpaste," Credo, https://credobeauty.com/products/natural-hydroxyapatite-toothpaste.

172  "5 Things to Know about Triclosan," FDA, accessed June 28, 2021, https://www.fda.gov/consumers/consumer-updates/5-things-know-about-triclosan.

173  Ibid.

174  Grandjean, Philipee, "Developmental Fluoride Neurotoxicity: An Updated Review," *Environmental Health*, 2019, https://ehjournal.biomedcentral.com/articles/10.1186/s12940-019-0551-x.

175  "Oral Health Care, Naturally," Revitin, accessed June 28, 2021, https://www.revitin.com/SearchTopicGroup/The-Natural-Toothpaste-Movement/.

176  "Food Additives State of the Science," EWG, accessed June 28, 2021, https://www.ewg.org/research/food-additive-science/.

177  "Circular Economy: Vision to Reality: Partnerships To Make Plastics Circular and Sustainable," Covestro, accessed June 28, 2021, https://solutions.covestro.com/en/highlights/circular-economy.

178  Duane, Brett, "Researchers Ask: How Sustainable Is Your Toothbrush?" Trinity News and Events, September 15, 2020, https://www.tcd.ie/news_events/articles/researchers-ask-how-sustainable-is-your-toothbrush.

Printed in the USA
CPSIA information can be obtained
at www.ICGtesting.com
JSHW011417160824
R13664500003B/R136645PG68134JSX00042B/27

9 781642 252675